Semillas de Riqueza

LECCIONES DE DINERO DE LA MADRE NATURALEZA:
CÓMO ABONAR Y COSECHAR LA VIDA QUE SUEÑAS

Joselyn Quintero

BRUJAS, BÉLGICA

Joselyn Quintero
Veltmweg 70
Brujas - Bélgica/West Flanders-8000
www.joselynquintero.com

Diseño Portada ©2014 Joselyn Quintero
Diseño Interior ©2013 BookDesignTemplates.com

Información para pedidos al mayor y conferencias:
Existen descuentos al mayor y paquetes especiales para corporaciones, asociaciones y otros. Para obtener más información, póngase en contacto con el autor a la dirección anteriormente indicada.

Semillas de Riqueza/ Joselyn Quintero. —1ra edición
ISBN 978-152398211-0

Contenido

Somos semillas de riqueza en un mundo de abundancia............. 1

El poder de la queja.. 3

Enamorados de la jaula.. 5

¿Qué aprenderás en este libro? 7

Finanzas: La Ciencia Arrogante 10

Así se crea un experto financiero 12

Entender no es igual que Explicar................................... 14

Ahora entiendes por qué no les entiendes........................ 19

Los financieros son los botánicos del dinero.................... 20

Donde quiera que vayas, hay crisis................................. 22

El jardín del vecino siempre es más verde........................ 24

No soy botánica, sino curandera del dinero 27

Resumen del Capítulo 1 29

Reflexión: Los expertos en mi vida................................. 29

El Ecosistema Financiero® 31

Personas Cactus 35

Personas Bonsáis... 40

i

Personas Robles 45

Personas Bambúes..49

Tú eres importante en el Ecosistema Financiero® 54

Resumen del Capítulo 2 55

Reflexión: Mi personalidad financiera 55

Los Híbridos del Ecosistema Financiero® 58

La Diferencia nos Fortalece 58

Híbridos Bonsái-Roble 61

Híbridos Roble-Bambú..62

Híbridos Bambú-Cactus 64

Híbridos Cactus-Bonsái..66

Híbridos Robles-Cactus..67

Híbridos Bambú-Bonsái 68

Resumen del Capítulo 3 70

Reflexión: Híbridos Financieros en mi vida 70

Sembrando tu Semilla de Riqueza 71

La Camisa de Fuerza no Cura la Demencia 73

Tierra: Herencias y Creencias 75

El Trabajo.. 77

El Comercio 79

La Humidad.. 80

Abono: Rutinas y Auto-Concepto 83

Estaciones: Los Ciclos Financieros........................ 89

Primavera.. 89

Verano... 91

Otoño.. 92

Invierno... 93

Resumen del Capítulo 4 95

Reflexión: Soy Semillas de Riqueza........................ 96

Abonando las Raíces de la Vida que Sueñas................. 97

Insectos y Plagas: Sistema Educativo *versus* Educación ... 98

El Fracaso del Sistema Educativo 99

La Educación es la Clave 100

Ecología: No Tienes que Saberlo Todo 103

Plaguicidas y Fertilizantes: Proteccionismo y Populismo
.... 106

Resumen del Capítulo 5 110

Reflexión: Abonando mis Raíces de Riqueza 110

Cosechando la Riqueza en tu Vida 111

Todo Comienza Contigo..112

El Secreto de la Riqueza.......................................116

Los Ricos Crean sus Días 116

Los Ricos Dan Más Valor......................................117

Los Ricos Saben Recibir 118

Los Ricos son Altruistas 119

Los Ricos son Responsables....................................121

La Riqueza es una Filosofía de Vida 122

Resumen del Capítulo 6 123

Reflexión: Cosechando Riqueza en Mi Vida 123

Por un Mundo Más Verde para Todos 124

Conectándonos con el Dinero desde el Amor 125

El Trabajo Como Ayuda..127

Conoce Tus Sombras..129

El Dinero es una Bendición.....................................130

Cada Vida Cuenta 133

Creo en la Armonía Financiera 137

A Todos los que Abonaron esta Semilla de Riqueza 140

Dedicado a todos los que necesitan poco para ser felices, porque ellos han descubierto el verdadero significado de la riqueza.

"En la vida nada es perfecto, ni eterno, ni inalterable;
Por lo tanto, no hay nada a que aferrarse".
—BUDA

Somos semillas de riqueza en un mundo de abundancia

Alguien toca la puerta y mi mamá abre. Él entra sin expresión facial y le entrega unos papeles a mi mamá, diciéndole: "ya el dinero de este mes fue depositado, necesito que me firmes estos recibos". Mi mamá lo mira con ojos de furia y le dice:

"Tú no estás manteniendo hijos de otro hombre, son tus hijos. No voy a firmarte nada, aunque eso signifique que no le des más nunca nada. Si yo tengo que reventarme trabajando para mantenerlos sola, lo voy a hacer".

Y fue así, en medio de esta escena, donde no solo perdí el primer amor de niña, sino que aprendí de mis padres divorciados mi primera lección financiera:

El dinero es motivo de discusión y sacrificio.

Seguramente tú has escuchado alguna de esas discusiones por dinero, capaces de subirle la tensión hasta al más calmado ser humano. Algunos lo hacen por el dinero que falta, otros lo hacen por el dinero que todavía no ha llegado. Por alguna razón, hemos hecho de nuestra relación con el dinero un dulce veneno que nos consume día a día.

Y la razón por la cual muchos seguimos "amarrados" al dinero, es porque en el fondo sabemos que hay algo en él que nos va a llevar a donde queremos ir, aunque eso implique caer a golpes todas las mañanas al despertador que nos recuerda que hay que ir a trabajar para tener dinero a fin de mes.

Quizás la respuesta a esta paradoja me la dio mi mamá, quien trabajaba unas 15 horas al día en la casa como costurera para una fábrica, y que eso le permitía comprarnos comida y pagarnos la escuela.

Una mañana durante el desayuno le comenté que quería estudiar mucho para ser veterinaria, porque los animales necesitaban de nuestra inteligencia para ser curados. Ella me vio con cara de susto, y me dijo:

"Mejor dedícate a otra cosa, porque en el futuro la gente no va a tener ni siquiera para llevar animales al médico. Tienes que estudiar algo que te dé dinero, para que seas alguien en la vida y ningún hombre te humille, como lo hicieron conmigo".

Entonces entendí que la razón por la que ella y posiblemente tú te sacrificas todos los días, es por tener dinero y así poder ser "alguien" digno de respeto. Mi segunda lección financiera fue:

Vales por el dinero que tienes.

Luego de estas dos lecciones, y sin esperar una tercera, decidí a los 5 años que sería la mejor estudiante de la escuela, que aprendería a trabajar con sacrificio y que sería una súper profesional exitosa que sepa manejar muy bien el dinero, porque solo así iba a ser querida y respetada por el resto del mundo.

Treinta años después, puedo decir que esas dos lecciones me han llevado por un camino de conocimiento y crecimiento personal inimaginable. Literalmente me convertí en una máquina devoradora de información, en una trabajadora incansable, en una coleccionista de títulos financieros y en una inspiración para todos los vecinos que nacieron y crecieron conmigo en Los Flores de Catia, en Caracas (Venezuela).

Actualmente tengo las raíces echadas en otra tierra, a 7.700 kilómetros de la tierra donde fui sembrada. Aunque muchos digan que fue un "golpe de suerte", en realidad fue la consecuencia de muchos años de trabajo silencioso y decisiones inteligentes día a día.

Luego de estar en 3 entornos diferentes en cuanto a cultura, idioma y economía, he descubierto que todos somos semillas de riqueza potencial y vivimos en un mundo abundante, pero nuestra cosecha de dinero dependerá de la tierra donde nos sembremos a nosotros mismos. Y cuando hablo de tierra, no hablo de países desarrollados ni de economías privilegiadas, sino de los entornos donde pases tus días, de la gente con la que conectes y de los pensamientos con los que actúes en todo momento.

El Poder de la Queja

Si hay algo que he aprendido, es que la queja es una condición humana por excelencia. No importa cuánto tengas, cómo vives o qué idioma hables, una buena parte de tus días las pasas quejándote de lo que falta. Y es que el problema no es que la queja sea mala, sino que no entendemos porqué nos quejamos.

En realidad, la queja es una alarma interna que te dice que eres merecedor de algo mejor, y que es necesario mover tus raíces hacia la tierra fértil donde podrás desarrollarte y crecer como te mereces. Es entonces cuando la queja debe ir acompañada de tu acción, porque de lo contrario estarás pasmando tu riqueza personal, y con ello tu calidad de vida.

¿Cuándo fue la última vez que te quejaste, y enseguida hiciste algo diferente, para no repetir la misma queja a futuro?

Una cosa es la aceptación de la realidad y otra es la costumbre a la realidad. La mayoría se acostumbra a quejarse como una manera de no aceptar la realidad, mientras que unos pocos aceptan la realidad sabiendo que no es lo que se merecen, y se mueven hacia nuevos entornos.

No se trata de pelearse con la realidad, sino de preguntarte si realmente estás en el lugar que te mereces. Este concepto lo sabíamos muy bien en la prehistoria, cuando éramos nómadas, pues vivíamos buscando siempre un mejor entorno donde vivir.

Ahora somos seres "evolucionados", que nos da miedo la libertad y vivimos en unas cárceles mentales llamadas casa, barrio, empleo, ciudad y hasta país. Conozco personas que trabajan de día y de noche para pagar una lujosa casa que no disfrutan, así como conozco personas súper talentosas que ganan muy poco, pero son incapaces de renunciar a esa "buena empresa". En realidad, la pobreza es sinónimo de vida sin calidad, y la miseria la podemos conseguir en todos los estratos sociales.

Siguiendo en la misma línea, también puedo decir que la pobreza es la negación o el rechazo a lo que ya existe y a lo que trajimos con nosotros cuando llegamos a este mundo (no en vano se dice que los niños llegan siendo genios y a medida que crecen pierden la genialidad). Como dije anteriormente, somos semillas de riqueza en un mundo abundante, pero inconscientemente re-chazamos la abundancia por falta de confianza y exceso de seguridad.

Muchas veces la seguridad no es más que el miedo que nos da la incertidumbre. Otras veces, la seguridad la buscamos luego de ver las noticias y darnos cuenta que "los que saben" dicen que las cosas van a estar cada vez peor, basándose en teorías o fórmulas que no entendemos para nada, y que nos hacen sentir no solo temerosos, sino ignorantes.

Es por ello que aquí te voy a hablar de riqueza y dinero desde una perspectiva ecológica. Utilizaré la naturaleza y el ecosistema como maestro sabio para explicarte lo que necesitamos saber de finanzas personales. Mi objetivo es que puedas vivir en armonía con lo que eres, lo que sueñas, tu dinero y tu medio ambiente.

Bajo este contexto sencillo estarás en condición de tomar decisiones para tu progreso financiero con total consciencia, y no por-que respondas a presiones que otros quieran poner en ti. Vas a aprender a fluir tanto si tienes dinero, como si no lo tienes. Aprenderás a abrazar los miedos que no te dejan pensar con claridad, y que te hacen cometer errores que te cuestan dinero. Finalmente conocerás cuál es tu valor real, ese que ignoras por estar atado a un empleo mal pagado que crees necesitar.

Muchas veces perdemos oportunidades porque nuestros juicios acerca de otras personas, nos hacen evadirlas o creer que son nuestra única salvación. En otros casos, odiamos a quien nos ayuda porque confundimos roles con personas o creemos que algo nos sucede a nosotros, y no a nuestra posición en un momento determinado.

Enamorados de la jaula

Hay empleos que catalogamos como "un infierno", y en realidad somos nosotros los que alimentamos el fuego. Y este concepto lo conocí a través de una colega a quien conocí cuando trabajábamos juntas. Era alguien en ese momento con muchas ganas de aprender y además muy inteligente, al punto de ser una de las empleadas más eficiente, aunque tenía el salario más bajo del departamento.

Con el tiempo, todos fuimos saliendo por reducción de personal, porque conseguíamos mejores oportunidades o porque los celos profesionales de nuestra jefa nos saboteaban el crecimiento profesional en la organización. Cada vez que alguien salía, ella pensaba que le darían el puesto vacante, pero lo único que le daban era más trabajo por el mismo sueldo.

Finalmente su jefa fue ascendida a un puesto fuera del país, y fue así cuando le hicieron una propuesta de "mejora profesional": le dieron un cargo intermedio entre el que tenía y el que ahora representaba, por la mitad del salario que recibía la jefa promovida. Ella no entendía que el problema no era el entorno, sino el apego a un sistema burocrático que la conocía tanto, que sabía cuánto era capaz de aguantar "por necesidad" (aunque estaba soltera, completamente sana y vivía en casa de sus padres).

Esto es un problema común en quienes creen que el empleo actual es el único sustento posible, aunque le paguen mal. Posible-mente pasen años, hasta que esas personas comprendan que han estado toda su vida atadas a algo que creían necesitar para vivir, así como las aves que crecen en una jaula abierta soñando con volar, y a la vez aterradas de no conseguir alimento en ese horizonte infinito.

¿Has estado en un empleo donde te sientes sub-pagado, pero eres incapaz de renunciar, porque crees que no hay más empleos para ti?

Quienes no actúan por temor, lo hacen respondiendo ante un sistema creado para tenernos paralizados, distraídos y conformes. Desde que nos levantamos hasta que nos acostamos, vemos o escuchamos los noticieros creyendo que estamos bien informados. En realidad, estamos siendo condicionados por un sinfín de malas noticias entregadas por expertos de diversas áreas, quienes ganan dinero y respeto mientras te dicen que todo está peor que nunca.

Estos expertos y profesionales parecen haber pasado por la universidad para aprender a confundirte con explicaciones complejas que te paralizan. Ellos son parte de los agentes contaminantes que te hacen aceptar el trabajo mal pagado, con la resignación de que fuera de tu jaula no hay alimento disponible, y que es una tontería echarte a volar por lo que quieres.

A mí me pasó, pero me di cuenta muy temprano que todo era parte de un juego social. A pesar de que muchos me decían que "las cosas en la calle están mal", nunca me dejé condicionar por eso para lograr lo que quería. Ya sea levantarme e irme en medio de una entrevista de trabajo, comprar un apartamento sin tener el dinero completo, tomarme un año sabático o mudarme de país, yo hacía lo que quería aunque viviera en un país en crisis. Hoy tengo más recuerdos de momentos felices y experiencias inolvidables, que años de vida.

Y no lo hacía por rebeldía, sino porque entendía el ecosistema financiero y todos sus agentes. Sabía exactamente a quien escuchar y cuáles acciones debía tomar para garantizar que todo estuviese bien mientras hacía lo que quería. La gente que espera el momento correcto para cumplir sus sueños, en nada se diferencia de los que creen en unicornios.

Es por ello que este libro te va a llevar en un viaje donde conocerás todos los agentes que existen en el ecosistema financiero, cuál es la función real de cada uno y cómo puedes utilizarlos a tu favor. También descubrirás de qué está compuesta tu semilla de riqueza, esa que está muy dentro de ti y pide a gritos que la siembres en la tierra adecuada.

¿Qué aprenderás en este libro?

En la primera sección conoceremos la arrogancia oculta detrás de las sofisticadas ciencias financieras, los niveles de ignorancia que allí se ocultan y porqué yo, aunque tengo un desarrollo profesional financiero, estoy en desacuerdo con muchos expertos financieros que manejan TU dinero a SU antojo.

En la segunda sección conocerás acerca de los tipos de personalidades financieras que he descubierto, para que sepas exactamente quién eres y cuánto vales dentro del ecosistema financiero (sí, ¡tú juegas un papel importante en este mundo!).

En la tercera sección aprenderás acerca de algunos híbridos poderosos de personalidades financieras que te harán comprender mejor a tus familiares y conocidos (y te ahorrarán muchas discusiones tontas por dinero).

En la cuarta sección viajarás a las profundidades de tu mente para analizar tu semilla de riqueza: el ADN financiero adquirido incluso antes de que tu existieses, y cómo se activan ciertas emociones cuando el dinero falta en tu vida.

En la quinta sección verás con nuevos ojos el medio ambiente para detectar los agentes que te permiten crecer con raíces fuertes, y las plagas que te distraen día a día, frenando tu crecimiento natural.

En la sexta sección ya estarás sobre la superficie del sistema, donde te contaré cómo crear abundancia en tu día a día, con el mínimo esfuerzo que solo la naturaleza entiende. Compartiré parte de lo que yo he experimentado personalmente, y de lo que he aprendido de quienes viven desde hace tiempo en total abundancia.

Y finalmente, en el séptimo módulo te regresaré a tu terreno actual, con todas las herramientas que te permitirán tomar decisiones inteligentes con el dinero que tienes hoy, sin importar cuánto sea y sin dejarte influenciar por lo que otros teman de la economía.

Antes de pasar la página, quiero dejarte claro que no te estoy ofreciendo fórmulas, sino mi punto de vista basado en mi propia experiencia. Si eres de los que piensan que este libro te va a hacer rico de la noche a la mañana, o que te voy a dar el número secreto para que te ganes la lotería y no trabajes más nunca, entonces estás leyendo el libro equivocado.

Tampoco escribo para quienes creen que el dinero se obtiene aprovechándose de la ignorancia de los demás, o para los que están sentados esperando que el gobierno "haga algo" o pidiendo justicia porque otros tienen más dinero que tú.

Solo pasarás la página si quieres vivir con tranquilidad, si quieres ser útil a tu comunidad, si quieres generar riqueza para contribuir a un mundo mejor. Podrás sacarle un enorme provecho a este libro si conoces el valor de la paciencia y la fortuna de trabajar como medio de auto-realización.

Si pudiera entrar en una máquina de tiempo y echar atrás treinta años, tal vez este libro fuera para mi mamá, una mujer valiosa que trabajó muy duro por muchos años por muy poco dinero, siempre con el temor de que sus hijos se quedaran sin comida o estudios.

Echar el tiempo atrás ya no es posible, pero si tú eres alguna de estas personas que mencioné, entonces pasa la página y empecemos a hablar acerca del efecto nocivo que tienen los expertos financieros sobre tus decisiones diarias de dinero.

CAPÍTULO 1

Finanzas: La Ciencia Arrogante

E l 01 de junio del 2009 se presentó una de las situaciones más irónicas de la historia económica: la empresa estadounidense de vehículos General Motors estaba declarándose en bancarrota, y pedía al gobierno de Estados Unidos un rescate financiero.

Aunque esto suena a acontecimiento, la traducción en la jerga del ser humano común era: El responsable de una empresa multinacional estaba pidiéndole dinero al gobierno, porque no supo manejar el que tenía, en medio de un cambio que ya llevaba dos años en proceso.

Pero éste tal vez no fue el escándalo más grave, sino que anteriormente hubo otro: una de las empresas de mayor renombre en la industria energética, llamada Enron, estuvo mintiendo acerca de sus ganancias, emitiendo reportes financieros que además estaban validados por contadores de prestigio. En pocas palabras, dos empresas reconocidas (la que entregó los números y la que validó los números) entregaron información falsa con total consciencia de lo que estaban haciendo.

Este segundo caso fue incluso peor, porque apenas 39 días antes de que se declarara la quiebra de Enron, y aunque ya había perdido el 70% de su valor de mercado, la empresa de servicios financieros Lehman Brothers la recomendaba como una empresa "atractiva" para invertir.

Si el dinero perdido en ambos casos hubiese sido robado por asaltantes a mano armada, éstos tendrían casi cadena perpetua y el desprecio social.

Tanto la recomendación de invertir, como la ejecución de la estafa, fueron realizadas por profesionales egresados de prestigiosas universidades, con diplomas y puestos importantes dentro de las mismas organizaciones que las desangraron financieramente, los mismos que asumimos que son los que saben, y por lo tanto creemos que son los más calificados para decirnos qué hacer con nuestro dinero.

En este capítulo vamos a hablar acerca de la formación académica, y del perfil profesional general que se forma en la industria más rentable y elitista de todos los tiempos: la industria financiera, y porqué los más expertos probablemente sean los que menos te pueden ayudar en el manejo de tu dinero, incluso aunque ellos quieran ayudarte.

De acuerdo con el número de graduados a nivel mundial en las áreas de finanzas, economía y contaduría, hay talento suficiente para que nadie tenga confusiones financieras de ningún tipo. Pero casos como los que vimos al principio, se repiten con más frecuencia en hogares, empresas y países, de lo que las noticias son capaces de contar.

Según mi experiencia, el problema con las finanzas no es de falta de conocimiento, sino la falta de humildad, humanidad y sentido común de los que se han especializado formalmente en esta área. Posiblemente este comportamiento tenga que ver con el condicionamiento que se vive durante la formación universitaria.

Así se crea un experto financiero

Tal como te mencioné en el capítulo introductorio, yo decidí formarme en el mundo de la administración y las finanzas, como una manera de hacerme un espacio "de respeto y valor" en el mundo que me rodeaba. Estudié mi secundaria con mucha disciplina, mientras mi mamá encendía velas a los santos para que yo quedara seleccionada en la universidad pública más importante de mi país.

Como resultado de esos 5 años de dedicación continua, finalmente entré por la puerta grande a la universidad, y con ello, también comencé el reto de 8 horas laborales más 4 horas de clases por los siguientes 5 años, que en realidad terminaron siendo 8, al incluir mi postgrado.

Una de las grandes cosas que observé en mis años universitarios, es que el sistema valora al estudiante sumiso, obediente y callado. En líneas generales lo que más me resultó pesado del terreno académico fue el ego intelectual que adornaba el vocabulario de los más estudiados, al punto de tenía que recurrir a un diccionario para entender algunas clases.

Pasé toda mi carrera de administración aprendiendo las más complicadas y antiguas formas de manejar las finanzas, basados en textos de más de 30 años de antigüedad. Me enseñaron a rellenar a mano hojas contables de infinitas columnas, me enseñaron que la forma más "racional" para que los empleados fuesen productivos era haciendo un estudio de todos sus movimientos y aprendí que muchos compañeros que estudiaron conmigo esos 5 años, al final, no sabían responder por qué lo habían hecho, más que para tener un trabajo que les permitiera tener un vehículo y una casa.

Pero nada de eso fue tan terrible ni devastador como perder Administración Financiera, la asignatura que más pesadillas me había causado en la universidad y que solo con una calculadora especial podía resolver los exámenes a tiempo. Tan difícil era Administración Financiera en mi universidad, que solo 10 personas aprobaban por cada aula de 50 alumnos. Estuve 6 meses completos estudiando fórmulas financieras, y no fue suficiente para aprobar la asignatura.

Luego de la humillante noticia de que tenía que presentar un solo examen con toda la información que había tardado 6 meses en medio entender, solo pude llorar desconsoladamente. Al parecer, era una escena tan normal en los profesores, como lo es en las funerarias la explicación de los tipos de sepulturas a los familiares devastados por la muerte de un ser querido.

En medio de la noche y con los ojos hinchados, un pensamiento llegó a mi mente: "todo sucede por alguna razón". En realidad, sentí en ese momento que algo estaba por suceder, y que estar en el fondo del precipicio era lo que necesitaba para poder elevarme en el terreno que quería.

Levantarme de eso me tomó 3 meses exactos, con una disciplina diaria de 3 horas en concentración absoluta con ese pesado libro azul cargado de fórmulas. Creamos un grupo de 4 personas con quienes, de lunes a domingo, nos sembrábamos el conocimiento de todas las maneras posibles: repitiéndolo, discutiéndolo, cantándolo y haciendo concursos. Todo valía si de verdad queríamos acabar con esa dictadura intelectual en la que nos habíamos metido por voluntad propia, a cambio de un diploma.

Mientras estaba en esta ardua preparación, jamás perdí el contacto con los profesores, a quienes les hacía pregunta tras pregunta, hasta el cansancio. Ya sabía tanto, que habían preguntas incómodas cuya respuesta era: "Eso no sale en el examen, no estudies eso".

Finalmente llegó el día del examen, y de los 12 valientes que estábamos en el salón, solo 5 logramos obtener la puntuación necesaria para obtener el diploma de la universidad. Las 4 que estudiamos juntas logramos aprobar el examen gracias a un ejercicio de valuación de acciones que estaba en el libro, y que sabíamos que la respuesta correcta al final de todos los cálculos era 19,89 dólares (sí, hay números que jamás olvidas).

La emoción más parecida al acto de graduación la viví de niña cuando entré por primera vez a la escuela. Era el inicio y el final de un ciclo que hacía enormemente orgullosa a mi mamá, y que con toda seguridad me iba a cambiar la vida para siempre.

Para el 80% de los que se graduaron conmigo, esta experiencia universitaria fue más que suficiente para salir con su diploma en mano sin mirar hacia atrás, y finalmente aceptar cualquier trabajo que les diera un ingreso mínimo para comprar casa y vehículo. El otro 20% descubría que quedan algunos "mundos" que deben superar en este videojuego intelectual para llegar a ganar mejor salario, tales como aprender inglés para entenderse con el resto del mundo, o hacer algún curso que les haga ver su resumen curricular más atractivo que el de sus compañeros de graduación.

Y es así como en Diciembre del año 2012 obtuve la fama de "haber pasado con la mayor nota el examen más difícil de la carrera", y decidí inscribirme para el postgrado en Gerencia de Finanzas en la segunda universidad más importante del país. Era hora de especializarme en lo único que de verdad se me quedó grabado en la mente y el corazón: Finanzas.

Entender no es igual que explicar

Como si no me hubiese quedado claro que "todo sucede por una razón", al poco tiempo de graduarme recibí una llamada de un alumno que estaba en las mismas circunstancias que en las que estuve yo y con la misma desesperación. Ver a otros recorrer los mismos valles emocionales que yo caminé, me llevó a comprender que tenía algo valioso por compartir. Cerré la conversación con un "nos vemos en la universidad esta tarde, al salir de la oficina".

Hay una diferencia abismal entre entender y explicar. Los alumnos que sacan las notas más altas son generalmente los más competitivos, los que mejor repiten lo que el libro dice y los que terminan aislados en su genialidad, porque les cuesta explicar lo que les resulta tan obvio. Yo pienso que enseñar requiere el sentido de aprender. ¿Cómo me lo explicaría a mí misma para entenderlo?

Esa tarde conocí a Simón, un chico muy inteligente y decidido a graduarse. Me dijo que cuando se enteró que yo era una de esas estudiantes "raras" que se había presentado y pasado el examen de Administración Financiera, me buscó porque sabía que me necesitaría más que a cualquier otro alumno que hubiera aprobado todos los exámenes del semestre. Estaba enfocado a salir adelante, para no volver a perder su tiempo ni sus esfuerzos, al igual que su amigo, quien no podía pedirme ayuda porque estaba atravesando por problemas personales. Algo me hizo reflexionar que más que conocimiento, los seres humanos buscamos empatía, comprensión y motivación.

Y así fue como me inicié en mi nueva aventura, la de enseñar finanzas a otra persona. Era el mismo libro, ese que ya me lo sabía de memoria. Lo único diferente que hice, fueron los gráficos y esquemas que representaban las ideas con claridad, siguiendo los pasos de un profesor del primer semestre al que tildaban de "loco" porque siempre decía que un gráfico aclara hasta el más complicado de los conceptos. También recuerdo haberme enfocado en tres ejemplos por cada capítulo, uno para cada nivel de complejidad. Lo único que tenía que hacer Simón era prestarme atención al 100% mientras yo escribía, hacía gráficos y le anotaba paso a paso cómo resolver cada ejercicio, él no necesitaba escribir nada.

Después de 12 semanas de revisar capítulo por capítulo del libro, y de responderle las preguntas que yo misma me hice en su momento y de darle las recomendaciones que a mí me permitieron mantener la calma y la lucidez durante el examen, Simón presentó su evaluación final y su amigo también. Simón sacó una nota superior a la que yo había obtenido, y su amigo alcanzó la puntuación perfecta, no había tenido siquiera un solo error en el examen. Nada, pero nada, pudo ser más gratificante.

Fue así como descubrí que tengo facilidad para explicar lo que yo entiendo, sin embargo, lo que me impactó fue que no era cuestión de simplificarle el contenido a Simón, sino que logré que él fuera capaz a su vez, de explicarle a su amigo, cuyos "motivos personales" era nada más y nada menos que cuidar todas las noches a su hija enferma, que estaba internada en un hospital. Entonces me di cuenta que valorar mis conocimientos no es lo mismo que humillar a otros con lo que sé, sino lograr que otros puedan aprovechar lo que les enseño.

La noticia no se hizo esperar, y como si se tratase del "número secreto para ganarse la lotería", mi número de teléfono estaba escrito en la última página del cuaderno de todos los estudiantes que iban a cursar o tenían que repetir Administración Financiera.

Mi reto se transformó en algo muy grande porque veían en mí la esperanza de aprender mucho y así graduarse. Ni siquiera teníamos un salón de clases donde reunirnos. Decidimos tomar el pasillo que está justo frente al recinto del acto de graduación. Al aire libre y con todas las distracciones callejeras posibles, estaba yo con mi tiza (o gis) en la mano explicando sobre una pizarra vieja pegada en la pared.

Pasé incontables horas en ese mismo espacio, sábados y domingos, durante varios semestres. Mi misión era darles el conocimiento necesario y la motivación clara de que es posible aprobar la asignatura. Ver a esas personas sentadas en el piso durante 3 horas deseando conocer lo que deberían estar aprendiendo de la mano de su profesor cómodamente en los pupitres de sus salones, era motivo suficiente para dedicarles mis fines de semana.

Si bien no cobré por mis servicios a ninguno, la tarifa acordada era un dólar por hora. Aunque lo podría haber hecho gratis, el pago era una representación de compromiso y una forma simbólica para retribuir lo que recibían. Entendí que cuando te esfuerzas por entregar algo realmente valioso, el dinero fluye en consecuencia.

Muy pronto mi estilo simple y mis ejemplos cotidianos para explicar las fórmulas complejas que aparecían en el libro, se convirtieron en el "Método Infalible" para salir bien en el examen. Las terribles estadísticas pasaron del 80/20 a ser 50/50 durante el semestre, y la segunda mitad se graduaba después de presentar el examen final. Un alumno consiguió un salón de clases y llegué a tener más de 50 personas en una sola sesión de 3 horas.

El éxito de los estudiantes estaba quebrantando las estadísticas y el reconocimiento que todo profesor cuida con celo en el mundo universitario. Según mi experiencia y mis observaciones, los profesores no se sienten validados por el número de alumnos que aprueban, sino por el número de ellos que reprueban (o suspenden). Hay un placer sádico de ver a los estudiantes llorar, sin tan siquiera saber qué es lo que no saben. Cuales cazadores despiadados en la selva intelectual, sus únicos argumentos son: "los estudiantes son perezosos y no estudian", como si el aprendizaje en los alumnos fuera un proceso mecánico, y los profesores fueran unos expertos eruditos infalibles.

Por supuesto, en muy poco tiempo me convertí en objeto de desprecio de los profesores, en especial de aquel al que le hice tantas preguntas y que me dejó otras tantas sin responder. Me acusaban de estafadora por recibir 1 dólar por hora de parte de sus alumnos a cambio de que yo les iluminara sus mentes mientras estaban atrapados en la cueva de Administración Financiera. Entre tanto, estos eruditos sostenían el título de "profesores" y el puesto al que no renunciaban, ufanándose de que no necesitaban ese salario. Ni siquiera tenían la capacidad de darle la oportunidad a alguien que explicara con más claridad y menos ego.

En aquellos tiempos, 3 veces cambiaron de libro buscando una manera más complicada de explicar la asignatura para dejarme fuera de acción, sin embargo lo que lograron fue que yo me entrenara y por lo tanto que aprendiera aún más. Recuerdo que era muy retador llevar mi empleo, mi postgrado y mis tutorías, todo en simultáneo, pero mis neuronas me lo agradecieron porque finalmente lograron un nivel de desempeño muy superior.

S

olemos quejarnos por los retos que el entorno nos pone en el camino, cuando en realidad estas situaciones son bendiciones que nos fortalecen.

Mi cerebro se transformó en una calculadora financiera andante, me sabía todos los ejercicios que preguntaban en los exámenes, y además era de las alumnas aventajadas del postgrado que llevaba en paralelo. Las finanzas en el postgrado eran diferentes, se partía de las mismas bases pero las maneras de responder las cosas eran más ligeras.

En el pregrado te preparas para ser obrero con nivel, y en el postgrado te preparas para entender lo que tu subordinado haga. Al final nadie tiene plena confianza de lo que sabe, ni tampoco necesita esa tal confianza, porque al final el empleo consiste en obedecer al jefe y punto, y no en aplicar lo que aprendiste en la universidad.

Esto lo comprobé cuando una de mis compañeras de trabajo, egresada de una prestigiosa universidad, fue recomendada por una de sus mejores amigas para un cargo gerencial en un banco de renombre. No me cabe la menor duda de que es una persona muy inteligente, sin embargo, en los primeros meses de su nuevo trabajo me contaba que, aunque estaba en una posición gerencial con personal a su cargo, ella no tenía idea de lo que estaba haciendo. Con el tiempo, esa referencia laboral le sirvió para seguir escalando posiciones de mayor rango empresarial. Así es como se crea la vida exitosa un profesional en el mundo corporativo.

Los que deciden escapar a este sistema de obediencia porque se sienten abrumados, se convierten en profesores y entran a estudiar costosos doctorados en finanzas. Salen de allí con un poder divino tan grande, que no solo son intelectualmente intocables, sino que pierden la capacidad de hablar con palabras simples. Estos eruditos solo pueden entenderse con otros dioses que pertenezcan al mismo Olimpo, aunque mueran de ganas por hablar con los mortales, y contarles cuán fácil es hacer una valuación de acciones, basado en el modelo de Myron Morgan del año 1953.

Ahora entiendes por qué no les entiendes

Esto que viven los financieros mientras aprenden finanzas con sudor y lágrimas, lo viven los economistas, los contadores y todos aquellos que se forman en el manejo del dinero. Ellos no aprenden a tomar decisiones financieras, sino que aprenden a obedecer y a sobrevivir en un sistema donde lo importante es aprender para repetir y no para comprender.

Su concepto del mundo es de una jungla caótica donde alguien tiene que morir desangrado para que otros puedan comer. Donde gana el que crea las reglas y no el que ayude a otros a entenderlas para que el juego sea más limpio y justo.

Muchos aprendemos en la universidad teorías basadas en premisas como "el ser humano por naturaleza es un ser racional y toma decisiones racionales" (es decir, que todos sabemos lo mismo) o "los inversionistas son aversos al riesgo" (cuya traducción es "más vale malo conocido, que bueno por conocer").

Pero la realidad dista mucho de ser lo que se enseña en las burbujas universitarias. En la calle te encuentras con personas que trabajan toda su vida y no saben a dónde fue a parar su dinero, mientras otras personas que ni siquiera trabajan, son unas máquinas para obtener ingresos. Entonces, o algo está mal en el orden financiero, o estos principios no son nada universales.

Pero a pesar de que la teoría no coincida con la práctica, la sociedad sigue dándole peso a la opinión del que está arriba y no al que lo experimenta. En la sección de finanzas de los noticieros no se le piden consejos financieros a la madre soltera que saca adelante a sus tres hijos con un sueldo mínimo, sino al que habla complicado y hace que se le respeten todos los años de humillación universitaria.

Obviamente, estos eruditos siempre van a hablar desde su jerga nada popular, porque en lo que más se enfocan es en dejar claro de que ellos saben, no en que los comprendas. ¿Alguna vez has escuchado a un economista, contador o financiero hablar en los medios de comunicación con una claridad tal, que sepas exactamente qué hacer después? Hay dos cosas que ellos saben bien qué hacer: hablar en abstracto y decirte que las cosas van a estar peor.

Los financieros son los botánicos del dinero

Algo importante que dejo claro aquí: las personas que estudian finanzas saben una parte importante del manejo del dinero, la relacionada con las decisiones racionales que todo ser humano puede tomar al momento de utilizar su dinero.

Ellos conocen fórmulas, teorías y una gran cantidad de cosas que deberían simplificarnos la vida financiera de todos los seres humanos que manejamos dinero alguna vez en esta existencia.

El problema está en que se forman desde la mente y no desde el corazón. Se forman por sobrevivencia o por reconocimiento, y no como el camino que les da sentido a sus vidas. Se forman para enriquecerse, y no para enriquecer la vida de los demás. En algún momento de la historia, alguien dijo que la mente era el centro del universo, y que todo lo que realmente era valioso, venía a través del pensamiento racional-académico. Y ese sistema dejó por fuera a cualquier otro ser humano que: 1) no tuvo oportunidad de estudiar y 2) no le interesó la universidad, porque sus cualidades naturales distan de sentarse por horas a escuchar a un erudito contando lo que él puede, perfectamente, leer en un libro.

Obviamente, los que salimos de los recintos académicos salimos muy "mentales" y con mucha información grabada en cada neurona. Estuvimos horas y horas aprendiendo lo que muchas personas hicieron en un contexto y con unas condiciones completamente diferentes. Sabemos teorías, métodos e historias.

Es por ello que los financieros son, en el mundo del dinero, lo más parecido a lo que es un botánico en el mundo de las plantas: conocen el sistema de cada planta, las propiedades químicas, la interacción bioquímica interna, pero todo lo explican con un tecnicismo que difícilmente me motiven a tener un jardín en casa.

Para un botánico sería una estupidez que le hablemos a las plantas, o que yo prefiera una planta sobre otra porque me recuerda a mi abuela. Al no entender que somos más que mente, y que razonamos muy pocas veces al día, entonces su conclusión será que tú, yo y muchos otros no botánicos somos unos totales idiotas por hablarle a las plantas.

Muchos olvidamos que somos un sistema integrado que vive en armonía con el entorno, aunque nos quejemos de que las cosas no sean como queremos. Cada factor, variable, agente o microbio de nuestro entorno, está conectado con nosotros, y nosotros con cada uno de ellos. Hacernos conscientes de esto, no solo puede ser abrumador, sino que nos da el sentido de humildad para entender que ni siquiera podemos predecirnos a nosotros mismos.

Lo mismo funciona en las finanzas. Es muy difícil predecir lo que sucederá o no, porque hay muchos factores visibles e invisibles que interactúan con cada ser humano al momento de tener dinero en sus manos.

Financieramente hablando, yo era una niña por la que nadie apostaría, de acuerdo con las fórmulas financieras. Mis orígenes, el historial familiar y toda la evaluación crediticia de mis padres decían que no llegaría muy lejos. A mis 23 años me negaron el crédito para adquirir mi primer vehículo porque "era muy joven y riesgosa"

¿Cómo puede un banco juzgar mi potencial financiero solo porque vivo en un barrio pobre y soy joven, sin tan siquiera conocer mis rutinas, mis planes y mis ambiciones personales?

¿Acaso una persona de 30, 40 o 50 años, casada y viviendo en un lugar de nivel social medio, está 100% segura de lo que hace con su dinero?

¿Puede ser el estatus social una garantía de inteligencia financiera?

Actualmente vivimos en un mundo que se acelera a una velocidad cada vez mayor. Un joven de 23 años crea una empresa multimillonaria en 2 años y una adolescente de 14 años se gana el premio Nobel de la Paz. Wikipedia tiene una plantilla de expertos voluntarios mucho más efectiva y con mayor éxito que los letrados e ingenieros que trabajaron a sueldo para crear la enciclopedia Microsoft Encarta®. Los conceptos de madurez, riesgo y riqueza deben ser replanteados. Ciertas fórmulas ya no sirven para predecir el éxito financiero de las personas ni de las empresas.

Por esta razón los expertos financieros no pueden, aunque quieran, decirte que es lo mejor para ti.

Donde quiera que vayas, hay crisis

Imaginemos que vives en el lugar de tus sueños: ese donde te levantas feliz antes de que suene el despertador, donde tomas una ducha fresca y te da tiempo de prepararte para dedicarte a lo que más te gusta (que no es necesariamente lo que conoces como trabajo).

Tomas calmadamente un delicioso desayuno mientras ves las noticias: inauguraciones de construcciones gloriosas, fiestas ofrecidas por empresas, y una entrevista a una anciana que perdió la llave de su casa y el joven que la encontró fue a la policía para que lo ayudaran a ubicar la dueña de la llave. Respiras profundo y dices: "ahhhh, cuántos ángeles en el mundo".

Con tiempo suficiente sales de casa, te montas en tu vehículo y vas por una vía totalmente despejada que te llevará a ese lugar que amas tanto, que aunque no te pagaran, igual irías. Wow, que suerte vivir aquí.

Ahora te pregunto: ¿Cuál país sería ese? ¿Cómo se llamaría? ¿Cuán lejos estás de ese lugar? ¿Te gustaría vivir allí?

Pues te cuento que ese país no existe, ¡ni existirá!

No importa si vives en México, Colombia, España, Francia, Noruega, Arabia Saudita, Rusia o Japón... cada tierra, cada ecosistema y cada cultura tiene su propia armonía caótica, llena de problemas y oportunidades.

Yo nací y crecí en el entorno más apocalíptico en el que un ser humano pudiera vivir: inflación acumulada en los últimos 35 años de 999,6% y unas estadísticas de 24.000 muertes por violencia cada año sobre un total de apenas 30 millones de personas. Nací con la bendición de tener al menos un techo donde vivir, pero no teníamos dinero asegurado para el mes siguiente, ni teníamos la vida asegurada para contarnos las canas algún día.

Sin embargo, y a pesar de todo esto, siempre tuve presente dónde estaba, qué tenía que hacer para progresar y cuál estado emocional iba a dictar cada hora de mi vida. Porque lo que define tu éxito en la vida no es el entorno donde naces, sino lo que haces contigo mientras te llega la muerte. ¿Qué haces por ti mientras tienes aire, conciencia y vida? ¿A qué dedicas cada una de tus horas de estadía en este hotel 5 estrellas llamado planeta tierra?

Esto que llamamos crisis, no es más que la soberbia del ser humano de querer vivir en un mundo predecible. Hasta hace poco vivíamos en la arrogancia de pensar que era el Sol, y no nosotros, el que se movía. Queremos que todo sea como fue ayer, y ese apego a la rutina y el rechazo a los cambios naturales de este planeta, es a lo que llamamos crisis.

Los animales tienen un mayor nivel de consciencia personal de lo que los humanos podamos tener. Ellos saben cuándo comer, cuándo dormir, cuándo es primavera y cuándo viene un terremoto. Viven conectados con cada cosa que está a su alrededor en un contexto de aceptación (no resignación) y fluidez (no dejadez). Todavía no conozco a la primera abeja preocupada por crisis de miel, ni al león quejándose de que no hay presas a la vista: ellos saben cuándo fluir y cuando moverse, porque entienden que todo es dinámico y cambiante.

Así como los sabios seres con los que compartimos el planeta tienen una confianza plena de que para ellos SI hay, así deberíamos vivir los seres humanos. Hay suficiente para todos, pero no hay para cubrir la obsesión de seguridad que algunos pocos tienen. Cuando alguien tiene un sentido de escasez alojado en su mente, se convierte en acumulador obsesivo hasta de las cosas más estúpidas, y es capaz hasta de robar a su mejor amigo.

El jardín del vecino siempre es más verde

La primera vez que viví fuera de mi país, fue a mis 26 años. Miami era el destino, porque todos decían que allá había algo llamado "El sueño americano" y todo latino que se respetara, debería vivir en Miami.

Anteriormente había ido por turismo y me pareció sensacional: todo limpio, casas grandes, comodidad total. Pero como el turismo no es igual a la inmigración, vivir allá por 8 meses fue lo que realmente me dio el panorama exacto. Todos viven en el sistema de "llévatelo ahora y luego mátate trabajando para que me lo pagues".

Todos los medios de comunicación poseen un gran repertorio de comerciales con gangas, ofertas y promociones de un sinfín de productos y servicios para satisfacer las necesidades más esporádicas que puedas tener en tu vida, todas a crédito y sin inicial. Por cada 10 buenas ofertas, siempre aparece un asesor de deudas con su deseo claro de ayudarte a pagar las deudas en que te metiste luego de aprovechar todas las ofertas en los comerciales anteriores o en tus 15 visitas mensuales al shopping mall. Todos los temas giran en la dualidad oferta-deuda que es emocionalmente más devastadora que la realidad de los latinos en Latinoamérica, esos que viven con menos pero duermen mejor.

A mi juicio, todos los ciudadanos que viven en Estados Unidos deberían tener dos asignaturas obligatorias en la escuela: autocontrol y finanzas personales. El sueño americano lo alcanzas cuando entiendes que, si no tienes dinero, no debes comprarlo.

La segunda vez que salí de mi país fue hace 3 años. Igual que la vez anterior, una semana de vacaciones en el continente Europeo me enamoró. Decidí que este es el lugar donde quería vivir, porque hay tranquilidad sin apatía y calidad sin consumismo. Había TANTO por aprender, que cualquier persona cerrada a los cambios (eso que llamamos crisis) jamás en su sano juicio se mudaría para allá.

Esta vez el destino fue Bélgica, uno de los 10 mejores países para vivir y donde casi todo está garantizado, con una vida predecible y previsible. Lo primero que descubrí es que todo, absolutamente todo era nuevo para mí: desde el desayuno dulce con el plato fuerte en la cena, hasta el idioma flamenco que habla solo la mitad del país y cuyas raíces lingüísticas no se parecen al español ni por casualidad.

Después de vivir en una de las economías más estables del mundo y de trabajar en una de las empresas de consultorías más grandes del planeta, solo ves a tu alrededor la perfección manifestada. Imaginas tus días con seres llenos de felicidad, sonrientes, agradecidos de vivir en la cúspide de la evolución social, profesional y financiera de todo el mundo. Tienes la seguridad que las conversaciones van a estar cargadas de tanto positivismo, que llorarás de felicidad todos los días.

En realidad la situación no cambia mucho al resto del mundo. Aunque los ciudadanos tengan vehículos de lujo, no tengan deudas de tarjetas de crédito y ahorren el 13% de lo que se ganan, igualmente las noticias comentan acerca de la crisis que estamos viviendo, de lo precavido que debemos ser a futuro y de los nuevos impuestos que vienen. Las personas se preocupan del siempre variante tiempo que nos permite experimentar 4 estaciones por año, y nunca falta la angustia de no saber qué va a pasar en este país, con esta deflación de -0.50% que viene.

Ya sea en Latinoamérica, Estados Unidos o Europa, cada cultura tiene su propia manera de preocuparse y cada quien tiene atado a su pie el grillete financiero

- llámese falta de dinero, deuda o impuestos - que usa como excusa para no trabajar por lo que quiere ser. Hay crisis en todas partes, y siempre las habrá mientras este planeta siga girando (y mejor recemos para que sea así).

Pero así como todo va cambiando – algo que yo llamaría Evolución - también van apareciendo nuevos espacios llenos de fertilidad financiera ética, nuevas formas de ser útil en este abundante planeta y nuevas maneras de salir adelante.

Muy probablemente tú pienses que no es lo mismo quejarse en Nicaragua que quejarse en Noruega, pero no se trata de que reniegues de la tierra donde estás, sino que te hagas consciente de la tierra donde quieres estar. Se trata de no juzgar el entorno por como tú vives, sino que te preguntes si estás en el entorno adecuado para la vida que tú quieres vivir.

Yo estoy feliz y orgullosa de haber nacido en la tierra y en las condiciones en que nací, porque solo así puedo valorar lo que he vivido y he logrado crecer como he crecido. Entiendo que mi país no tiene las condiciones que yo espero para mí, y entonces me muevo al lugar que escojo para vivir como quiero. Por ello vivo el amor a mis orígenes desde el desapego, cual amante que le regala el mundo a su amada, para que lo viva como ella decida.

En cuanto al tema financiero, del cual nunca nos hemos desprendido, solo te puedo decir que siempre las condiciones van a ser cambiantes, inciertas e impredecibles. La incertidumbre siempre está presente porque en eso consiste el misterio de la vida, pero para entenderlo lo que menos se necesita es mente.

Los financieros son expertos en ver el ayer, el hoy y el mañana totalmente desde la mente; pero el análisis jamás ha causado acción. Ellos te cuentan todo lo que "puede" suceder, pero no pueden decirte con claridad lo que "va" a suceder. Muchas veces convertimos un consejo analizado en una orden de acción.

Dejas que los expertos financieros te digan que hacer porque se supone que estudiaron para eso. Y tu nivel de obediencia es tal, que eres capaz de guardar sueños bajo la almohada y seguir en el empleo que te hace sentir infeliz y subvalorado, solamente porque un egresado de finanzas dice en la televisión que hay "crisis económica".

Las personas que realmente conocen de finanzas por experiencia y no por experticia, entienden que las crisis son los mejores momentos para emprender, para invertir y para hacer crecer su dinero. Estas personas se levantan todos los días para hacer su economía y no la economía que los expertos cuentan. Estas personas invierten durante plena crisis cantidades de dinero tales, que generarían incontinencia urinaria a cualquier experto. Pero mientras tanto, tú defiendes al que te hace sentir como una víctima del entorno y te dice que todo está cada vez peor.

Hay personas tan enamoradas de los expertos, que son capaces de atacar a cualquiera que les cambie el panorama. Una vez critiqué en mi muro de Facebook a un "prestigioso" reporte financiero de mi país donde, claramente decía, que no había nada que hacer porque estábamos completamente quebrados y sin oportunidad. Más que sorprenderme el "análisis", me sorprendió la forma como mis contactos defendían al apocalíptico experto, con el argumento de "el experto debe saber lo que está diciendo, y tú no sabes nada porque ya no vives aquí".

Cuando estamos deprimidos, somos capaces de sentirnos ofendidos con cualquiera que nos abra las ventanas de la mente para mostrarnos el sol.

No soy botánica, sino curandera del dinero

Mis años de formación académica fueron los mejores años de mi vida, de la misma manera como a mi niñez no la cambiaría por nada. Todas mis caídas, mis pérdidas, mis esfuerzos sin recompensa, mis noches en vela estudiando, mis asignaturas reprobadas y hasta el desprecio de mis profesores de finanzas, son elementos fundamentales que me llevaron a ser quien soy hoy.

Además de esta experiencia, también valoro enormemente el sacrificado trabajo de mi mamá (de donde he aprendido el valor de ser útil) y hasta los años de ausencia de mi papá (donde aprendí a defenderme y crearme un mundo a base de una sólida autoestima). Todo ha sido perfecto al unir los puntos en reversa.

Entiendo, más por experiencia que por experticia, que el ser humano es cuerpo, mente y espíritu, un todo manifestado a través de las emociones. Tengo claro que, aunque yo me siente horas y horas a explicar fórmulas y secretos financieros a miles de personas en un auditorio, cada uno siempre será una combinación única e irrepetible de vivencias, y que eso tendrá más peso que cualquier teoría que haya leído en un libro de finanzas.

El día que los financieros decidan tomar la sabia posición de la humildad, y se abran para darle paso a una carrera donde los profesionales del dinero sean formados desde el alma y con el corazón, entonces no hablaremos de ciencias financieras, sino del dinero como un factor de desarrollo personal y social.

Tal vez disminuyamos las crisis financieras, para vivir en un mundo de armonía financiera, donde utilicemos cada centavo con consciencia, y además sepamos qué hacer con o sin dinero. Mientras ese momento llega, me seguiré considerando una curandera del dinero:

- Seguiré siendo alguien que ayude a las personas a descubrir su riqueza interior, para que sepa sembrarla, abonarla y cosecharla en la tierra más fértil.
- Seguiré apostando al potencial natural de cada ser humano en este planeta abundante, para que puedan convertir sueños en planes, y planes en dinero.
- Seguiré apoyando a todo aquel que quiera tomar decisiones financieras desde el amor propio, y no desde el miedo colectivo.
- Seguiré hablándole a las plantas porque sé que ellas me escuchan, porque compartimos las mismas raíces.

Si tú eres de las personas por las que nadie nunca ha apostado, si eres de las personas que quieres hacerte un espacio en este mundo, y si eres de las personas que quieres valer por quien eres y no por lo que tienes, entonces esto es para ti.

Si algo dentro de ti te dice que este libro contiene algo de valor en tu vida y si sientes que aquí aprenderás algo importante para tu día a día, entonces comencemos.

En el próximo capítulo hablaremos acerca de las personalidades financieras y porqué, tengas o no tengas dinero, tú eres una semilla MUY valiosa en el ecosistema financiero.

Resumen del Capítulo 1

- El problema del dinero no es de falta de conocimiento financiero, sino la falta de conexión del dinero desde otras dimensiones, como las emociones y vivencias.
- Lo que llamamos "crisis" no es más que el movimiento normal de la vida, que es cambiante y evolutiva. La crisis es un problema para quienes viven aferrados a un pasado que ya no existe.
- Nadie está en busca del experto financiero, sino del que ofrece experiencia, empatía, comprensión y motivación para ayudar a las personas a vivir mejor.

Reflexión: Los Expertos en mi Vida

1. ¿Cuáles son los pensamientos y emociones que experimentas luego de ver las entrevistas a expertos financieros?
2. ¿Cuánta importancia le das a la economía de tu país al momento de tomar decisiones de dinero (comprar, invertir, vender)?

¿Tienes algún sueño sin cumplir o un talento sin desarrollar, esperando que pase la "crisis" para dar tu primer paso?

CAPÍTULO 2

El Ecosistema Financiero®

C on frecuencia recibo mensajes de personas que me leen o me siguen. Algunos de ellos me escriben para preguntarme dónde pueden invertir su dinero. Mi respuesta siempre es la misma:

Las inversiones dependen de lo que amas hacer y de cuánto estés dispuesto a perder.

Cada persona es un Universo en sí mismo, una poderosa mezcla de creencias y experiencias. Esta individualidad también existe en el manejo del dinero, por lo cual yo no puedo decirle a nadie cuál es "la inversión caliente más novedosa del momento", como si se tratase del número millonario de la lotería.

De la misma manera como yo no puedo darte el "secreto", tú no deberías aceptar recibir consejos financieros a la ligera. Lo que le funciona a unos, no garantiza que te vaya a funcionar a ti. Los demás te van a ofrecer un mapa de su recorrido, pero eso nunca va a ser una réplica exacta del territorio.

Para vivir como deseamos, es necesario primero conocernos. Hasta ahora han existido solo tres formas de categorizar a los seres humanos con relación al dinero, los cuales considero que no describen la totalidad de las relaciones con el dinero. A continuación las describo:

1. **Categoría Socio Económica:**

Se basa en la manera como la sociedad ha agrupado a las personas, de acuerdo con sus niveles materiales o comportamiento social.

a) Clase Baja: Son personas que viven en la necesidad material, cuyos ingresos son los más bajos que se pue-dan recibir en su país. Generalmente reciben beneficios del gobierno a cambio de votos y no tienen idea de cómo será su propio futuro.

b) Clase Media: Son personas que viven en la comparación financiera, cuyos ingresos les permite vivir de forma aparentemente tranquila, aunque en realidad viven endeudados. Suelen tener empleos en el sector privado, pagan impuestos al gobierno y algunos tienen al menos una meta personal para los próximos 10 años.

c) Clase Alta: Son personas que viven en la producción, cuyos ingresos les permite vivir de forma exclusiva. Éstos son los principales socios proveedores del gobierno y trabajan para dejarle un legado a sus próximas generaciones (suelen tener planes de 100 años o más).

Es importante dejar claro que esta clasificación no tiene relación con la riqueza ni la pobreza, sino sobre la relación que establecen con su entorno. Por otra parte, esta categoría les sirve a los políticos para saber de dónde pueden sacar más votos durante los períodos electorales a cambio de promesas (y siempre los más vulnerables serán los más manipulables).

Ahora veamos la siguiente categoría, basada en la manera como las personas generan ingresos, y cuya clasificación fue presentada por Robert Kiyosaki en su libro "Padre Rico, Padre Pobre".

4. **Categoría por Ingresos:**

Esta se basa en la manera como cada individuo utiliza su tiempo, talentos y energía para generar sus ingresos.

a)   Empleados: Son personas que venden su tiempo por dinero, y cuya planificación de vida depende del mercado laboral. Buscan Seguridad.

b)   Especialistas: Son personas que venden su conocimiento por dinero, y cuya planificación de vida depende del cliente. Buscan Autonomía.

c)   Empresarios: Son personas que ofrecen dinero por tiempo o conocimientos, y cuya planificación de vida depende del sistema. Analizan sobre lo tangible. Buscan Expansión.

d)   Inversionistas: Son personas que ofrecen dinero por ideas, y su planificación de vida depende de sus expectativas. Analizan sobre lo posible. Buscan Libertad.

Esta categoría es excelente ilustración si nos enfocamos sola-mente en el aspecto ingresos (y de ahí viene el atractivo de esta propuesta). En mi experiencia, he conocido personas que ganan muy bien como empresarios, pero crean daños irreparables en el planeta y a los demás seres con los que conviven.

La tercera y última clasificación es en función al manejo del dinero. Esta propuesta la conocí de la mano de T. Harv Eker en su libro "Secretos de una Mente Millonaria", donde se clasifican a las personas en función de los egresos.

3.   Categoría por Egresos:

Se basa en la manera como cada individuo utiliza su dinero, una vez que lo recibe (sin importar la condición social ni la forma como lo recibe).

a)   Gastadores: Son personas que suelen desprenderse con facilidad del dinero, que comparan las compras con algo placentero. Son los que se endeudan con mayor facilidad.

b)   Ahorradores: Son personas altamente metódicas para utilizar el dinero, y le dan un alto sentido al dinero en sus vidas, ya que es la base de su seguridad.

c)   Monjes: Son personas que consideran el dinero como algo "super-fluo" que va en contra de la espiritualidad y bondad, por lo tanto viven alejados del dinero.

d)   Evasivos: Son personas que evitan hablar o pensar acerca del dinero, y generalmente dejan sus decisiones de dinero en manos de otros.

Esta clasificación es útil para efectos de mercadeo, y permite identificar cuáles son los más propensos a comprar. De acuerdo con esto, es sumamente difícil tener clientes monjes y evasivos, pero en mi experiencia he conocido muchas personas de las 4 categorías en entrenamientos altamente costosos.

Estas formas de agrupar a las personas en el aspecto financie-ro han sido muy valiosas para que cada quien ajuste o reafirme su manera de manejarse con el dinero.

Durante los últimos años he observado que el manejo de su dinero no está relacionado con la posición social, ni con la cantidad de dinero que reciben ni tampoco con la cantidad de dinero que gastan las personas.

Para mí, el flujo del dinero está asociado con la riqueza de cada persona y con los valores que cada uno le imprimimos al dinero, de acuerdo con nuestras vivencias e historias personales. Tiene que ver con la percepción que cada uno de nosotros tenemos con respecto al mundo en el que vivimos.

Independientemente de la cantidad de dinero que poseas (o no), es necesario aclararte que tú eres muy importante en el ecosistema financiero, en esa armonía financiera invisible que hace que el dinero fluya.

Lo que a continuación presento es una cuarta manera de categorizar a las personas de acuerdo a como se relacionan con el dinero, como una consecuencia de sus valores y expectativas con respecto al entorno. Este modelo lo he denominado el Ecosistema Financiero®, donde cada uno de nosotros tenemos personalidades financieras distintas y complementarias. Entendiendo que somos Semillas de Riqueza, entonces te contaré quién eres y por qué eres importante, simbolizando cada caso en una planta específica:

Personas Cactus

Los cactus suelen ser plantas con una gran resistencia a las sequías, ya que necesitan muy poco para vivir. Las que se tienen en casa pueden estar hasta 2 semanas sin recibir ninguna atención. Los cactus tienen raíces superficiales y extensas, que les permite absorber solo el agua que hay en la superficie. En las zonas más desérticas se ven muy aislados unos de los otros. Son plantas muy útiles para el tratamiento de enfermedades y, aunque muy pocas veces sucede, las flores de los cactus son realmente hermosas.

Las personalidades tipo cactus son aquellas cuya visión del mundo está centrada en la colaboración social más que en el beneficio personal, donde el dinero en abundancia generaría un mundo de oportunidades para ayudar a muchas personas que les necesiten.

Las palabras claves son compasión y colaboración.

Disfrutan creando organizaciones que permitan crear un mundo mejor, siempre ayudando en los lugares donde hay víctimas o personas vulnerables. Se sienten realizados cuando le dan una mano a quien los necesite.

En líneas generales, las personas cactus manejan el dinero desde el corazón, porque es la manera como saben que pueden apoyar a los demás. Incluso, las personas cactus pueden dejar de comer para darle su alimento a otros, lo cual les permite vivir con el estómago vacío pero con el corazón lleno.

¿Cómo perciben el mundo las personas cactus?

Suelen ver el planeta como un lugar de desequilibrios. Sienten que la pobreza existe en el mundo por la avaricia de una minoría, y por eso se ven con el deber de salvar a todos los desvalidos que puedan.

Por otra parte, existen personas cactus que le dan más peso a todo aquello que no pueda ser visto ni tocado. Algunas se aferran a su fe, incluso cuando todo da señales claras de que las cosas van a empeorar. Viven en una dualidad donde lo invisible tiene más valor que lo tangible (y esto incluye el dinero). Al darle poca importancia al dinero, no es extraño que las personas cactus vivan con muchas carencias materiales.

Entendiendo que para los cactus el mundo es un lugar desequilibrado, pero vigilado por alguien que "siempre ayuda", estas personas pueden vivir con lo mínimo necesario, mientras asignan grandes cantidades de dinero al bienestar de otros. Las personas cactus son grandes donantes e impulsan las buenas causas en el mundo.

¿Qué debemos aprender de las personas cactus?

Las personas tipo cactus son muy importantes en los lugares donde hay caos o necesidad. Tienen un nivel de consciencia social muy grande, y apuestan por el bienestar del hasta más desvalido.

El nivel de riqueza interior del cactus es muy grande, sobretodo porque entiende perfectamente que su riqueza va más allá de lo físico. Saben que pueden ayudar con o sin dinero, y con frecuencia resuelven con valentía las urgencias que se presentan en el entorno.

Las personas cactus son minoría en el mundo, y esto ocurre en parte porque los padres y las escuelas no han formado a los niños para la colaboración, sino para la competencia. Son muy pocos los padres que llevan a sus hijos a actividades de voluntariado, a realizar trabajo social o crear eventos de recaudación de fondos para causas que los conecten como seres de este planeta.

Millones de personas llegan a este mundo y se van sin conocer la gran riqueza interior que solo se obtiene al dar, ayudar y colaborar con otros.

Las personas cactus tienen cierto nivel de resiliencia financiera (capacidad para sobrellevar la pérdida o falta de dinero), manteniendo la calma cuando se quedan sin un centavo, ya que el desprendimiento es una de sus cualidades. Cuando una persona cactus llega a crear una relación sana con el dinero, crea un entorno de abundancia impresionante y llega a crear entornos de beneficencia o ayuda social que impactan muchas vidas.

Durante los últimos años he estado conectada con cactus de diferentes países y de diferentes estratos sociales. Estas personas tienen una habilidad maravillosa para convertir el dinero en bienestar para otros, y los que apoyamos sus causas sentimos una satisfacción enorme, que ningún otro producto o experiencia nos lo puede dar.

Los beneficios de ser cactus han sido estudiados una y otra vez por psicólogos financieros. Si quieres saber más de este tema, consulta el libro Happy Money[1] (Dinero Feliz en español), o también puedes escuchar en español acerca de este libro, en mi podcast #024 de inteligencia financiera InteligenciaF (en iTunes y Spreaker).

¿Cuál es el sueño financiero de una persona tipo cactus?

Tener muchísimo dinero para poder ayudar a todo aquel que lo necesite, y al mismo tiempo vivir en un mundo donde el dinero no sea tan importante.

¿Cuál es la lección financiera que las personas cactus deben aprender?

Su alto sentido altruista le puede convertir en una persona vulnerable, financieramente hablando. Al ser capaz de dar todo lo que tiene, corre el riesgo de

---

[1] Para mayor información: http://www.amazon.com/gp/product/B008J4L17K/

perder todo su dinero y luego tener que ser "rescatada". Eso la convierte en una solución social que a veces es parte del mismo problema, sobre todo cuando se enferman o se les presenta un inconveniente que no esperaban.

Para muchas personas cactus, el dinero es indigno, enturbia la bondad y crea problemas. Esta relación necesidad-rechazo con el dinero, hace que sean muy buenas para dar, pero suelen sentirse mal cuando alguien les quiere pagar por sus servicios (sobre todo cuando sus servicios están relacionados con ayudar a las personas). El mensaje inconsciente es: mi bondad es opuesta al dinero, y para ser una persona más bondadosa debo vivir con la menor cantidad de dinero posible. Seré feliz el día que el dinero no exista.

En el mundo del coaching y el desarrollo espiritual hay muchas personas con un gran sentido de ayuda al prójimo, pero, al no saber recibir, terminan cobrando muy poco a sus clientes. Aunque no se quejan por ello, las personas cactus que no saben recibir se acuestan todas las noches con una gran preocupación, por falta de dinero.

Emocionalmente hablando, una persona cactus que se entrega en exceso al altruismo puede desarrollar depresión. Al estar constantemente rodeada de necesidad, víctimas y problemas, poco a poco puede perder la fe en la especie humana y llegar a aislarse o sentirse desconfiada.

El plan financiero para ellos es dejar todo a la voluntad de Dios. La frase "Dios proveerá" es muy típica de todos aquellos que se escudan en lo espiritual cuando tienen miedo de afrontar su realidad financiera. Una persona cactus debe desarrollar responsabilidad financiera, justamente porque Dios nos ha dotado de todas las herramientas físicas y mentales necesarias para mantenernos en esta existencia, y entre esas está la capacidad de aprender.

Y finalmente, pueden caer en el error de vivir a través de los demás. Hay personas maravillosas que han hecho mucho bien en su comunidad, pero que se van de este mundo sin haber vivido ni siquiera un instante de tranquilidad, paz o disfrute personal. Una persona cactus obsesionada por ayudar a otros puede convertir su bondad en su propia cárcel.

Si tuviera que resumir en tres palabras lo que una persona cactus necesita para crear riqueza tangible (porque la intangible ya la tiene) sería: Ahorro, Responsabilidad y Armonía. Deben aprender a valorarse a sí mismas antes de dar, y que eso incluye el aprender a recibir o crear sistemas de ayuda financieramente inteligentes.

¿Quiénes son las personas cactus?

- Las personas con sentido de altruismo
- Las personas que hacen trabajo comunitario
- Las voluntarias de las Organizaciones sin fines de lucro y ONG´s
- Las personas que cuidan en hospitales y centros de retiros
- Las que rescatan y protegen animales maltratados
- Las que cuidan de la ecología y la naturaleza
- Las que ayudan a los más vulnerables

Cactus Famosos:

- Melinda Gates – Fundación Bill & Melinda Gates contra la Malaria.
- Shakira – Fundación Pies Descalzos para la educación temprana.
- Angelina Jolie – Trabaja con más de 29 ONG´s en 25 causas sociales.
- Princesa Diana de Gales (Lady Di) – Ayudó a más de 100 ONG´s.
- Bono (vocalista de U2) – Cofundador de ONE, contra la pobreza extrema.
- Leonardo Di Caprio – Protector del medio ambiente y especies en peligro de extinción.
- Malala – Premio Nobel de la Paz 2014 y defensora del derecho a la educación para las niñas.

- Madre Teresa de Calcuta – La altruista más respetada de la historia, creadora de las Hermanas de la Caridad y el Hogar del Moribundo.
- José "Pepe" Mujica (presidente de Uruguay) – Donante del 90% de su sueldo, a diversos centros de beneficencia uruguayos.

Como puedes observar, las personas cactus no pertenecen a ningún estrato social específico, pueden ser celebridades, empresarios o empleados, con o sin estudios. Pueden vivir en la pobreza o ser parte de la realeza. Lo que si queda claro, es que:

Las personas cactus que mejor saben recibir, mantener y crecer su dinero, contribuyen de forma proporcional a quienes les necesitan. Ellos saben convertir el dinero en energía de amor al prójimo.

Personas Bonsáis

Los bonsáis son plantas grandes que son tratadas para tener un tamaño mínimo. Si se dejan crecer de forma natural, pierden la característica de ser bonsáis. Generalmente requieren mucha agua y deben podarse con regularidad. Son plantas muy delicadas, complejas y no deben dejarse solas en ningún momento.

Las personalidades tipo bonsái son aquellas cuya visión del mundo está centrada en su entorno inmediato, donde el dinero en abundancia generaría un bienestar para su familia y seres queridos solamente.

Las palabras clave son cuidado y seguridad.

Disfrutan dando lo mejor a su familia y crean empresas pequeñas que sirvan de sustento familiar. Se sienten realizados cuando le dan seguridad a sus seres queridos.

En líneas generales, las personas bonsáis manejan el dinero desde el sacrificio, porque sienten que es la manera como pueden ser dignos de merecerlo. Incluso, las personas bonsáis pueden evitar irse de vacaciones, con tal de ahorrar ese dinero para la universidad de su hijo recién nacido.

¿Cómo perciben el mundo las personas bonsáis?

Las personas bonsáis ven al planeta como un lugar lleno de peligros y con un futuro cada vez más difícil. Una parte de ellos siente que la pobreza en el mundo existe por la explotación por parte de los que tienen más dinero, y en consecuencia, cuidan y previenen a los suyos para que a ellos no les suceda, sin darse cuenta que están dejándose explotar a sí mismas en sus trabajos. Hay bonsáis que trabajan más de la cuenta, con tal de no perder su empleo.

Esta necesidad de seguridad hace que las personas bonsáis sean las menos arriesgadas de todas las personalidades financieras. Al sentir que les fallarían a sus familias si el dinero no estuviese presente, se aferran al dinero evitando cualquier desembolso innecesario.

Las personas tipo bonsáis suelen ver todos los noticieros y leer todos los periódicos. Están al pendiente de todo lo que sucede y viven muy preocupadas por el futuro. Este estilo de vida de constante precaución no les permite cambiar de empleos, crear negocios, invertir sus ahorros. Ya sea por evitar endeudarse, por evitar pagar más impuestos o por no arriesgar su dinero, prefieren vivir a medias que pasar por el estrés de perderlo todo.

Las personas bonsáis son fácilmente influenciables por el entorno. La mayoría de sus decisiones están basadas en la sobrevivencia y no en la expansión. Les angustia no tener dinero ahorrado y jamás utilizarían el dinero para la diversión, ya que el dinero es producto del trabajo sacrificado. Las personas bonsáis son las grandes ahorradoras y saben mantenerse en medio de las crisis financieras.

¿Qué debemos aprender de las personas bonsáis?

Las personas tipo bonsáis son muy importantes en la mayoría de los entornos sociales. Tienen un nivel de seguridad financiera muy grande, porque siempre toman en cuenta el escenario más fatalista posible.

El nivel de riqueza interior de una persona bonsái radica en su estabilidad, sobre todo porque entiende perfectamente que su riqueza es su familia. Siempre tiene algo de dinero guardado, y siempre está dispuesta a ayudar a sus seres más queridos.

Muchos de nosotros nacimos y crecimos en familias bonsáis, sobre todo donde los padres no tuvieron educación, trabajando con sacrificio y sin descanso toda su vida, siempre para darle lo mejor a sus hijos.

Parte de mi crecimiento se lo debo al hecho de tener una familia bonsái. Mi sentido de ahorro y previsión me permitió crear raíces sólidas sobre la cual me elevaría hacia la grandeza. Una de las lecciones que aprendí durante mi niñez, fue la de valorar cada cosa que recibía, bien que compraba o me regalaban, que iba desde la educación hasta las muñecas.

¿Cuál es el sueño financiero de una persona tipo bonsái?

Ganarse la lotería para poder ayudar a toda su familia. Poder crear su negocio propio, donde toda la familia pueda trabajar.

¿Cuál es la lección financiera que las personas bonsáis deben aprender?

Su alto sentido de seguridad la puede convertir en una persona paralizada, financieramente hablando. Al dejarse influenciar por los medios, los noticieros y las predicciones catastróficas, es muy difícil que logre crecer, evolucionar y vivir con más comodidades.

Además de lo anterior, podemos decir que al igual que las personas cactus, las bonsáis pueden desarrollar una relación de dependencia con el dinero, ya que son muy buenas para acumular, pero se sienten aterradas cuando tienen que soltarlo en algo que no sea para la familia. Para muchas bonsáis, una persona cactus es un irresponsable que despilfarra su dinero.

La mayoría de los empleos operativos y roles de apoyo en las empresas, son ejecutados por personas bonsáis. Para ellas el trabajo es un mal necesario, que les permite tener el dinero para cuidar de su familia. Al vivir en una relación de necesidad con sus empleos, les cuesta crecer profesionalmente y por ende tener mejores ingresos.

Emocionalmente hablando, la mayoría de las bonsáis están convencidas de que el trabajo digno es aquel que se realiza con sacrificio. Al estar constantemente rodeada de malas noticias y futuros apocalípticos, es inconcebible disfrutar el dinero, por lo que las vacaciones siempre deben esperar.

Para muchas bonsáis, el plan financiero perfecto está en el golpe de suerte o en la herencia desconocida. La frase "Cuando me gane la lotería" es muy típica de todos aquellos que nunca arriesgarían su dinero en una inversión. Una persona bonsái que quiera crecer, debe aprender a fluir con sus miedos en el manejo del dinero.

Y finalmente, las personas bonsáis pueden caer en el error de convertirse en la proveedora sacrificada de la familia. Hay personas amorosas que trabajan todo un año para luego gastarse todas las bonificaciones navideñas llenando el árbol navideño de decenas de regalos para sus hijos. Una persona bonsái obsesionada en complacer a sus seres queridos puede convertirse en el cajero automático de los hijos.

Si tuviera que resumir en tres palabras lo que una bonsái necesita para crear una vida financieramente satisfactoria, sería: Disfrute, Independencia y Armonía. Al igual que las personas cactus, las bonsáis deben aprender a valorarse a sí mismas antes de dar, entender que ni el dinero ni el sacrificio las dignifica, y que el futuro de su familia no depende del noticiero, del gobierno ni la economía del país.

¿Quiénes son bonsáis?

- Las personas en cargos operativos
- Las asistentes personales
- Las personas que se sienten menos por no tener educación
- Las que guardan experiencias negativas con el dinero
- Las que dependen de los noticieros para comenzar el día
- Las que lideran las asociaciones de padres en las escuelas

Bonsáis Famosos:

- Martha Stewart – Conocida como "La perfecta ama de casa".
- La Virgen María – Referencia bíblica del rol de mujer ideal.
- La Sra. PF Albee – Primera representante de la marca AVON.
- Sheryl Sandberg – Directora de Operaciones en Facebook.

En líneas generales, a las bonsáis no les gusta ser el centro de atención. Es por ello que existen pocas personas bonsáis famosas, aunque éstas representen la mayoría de la fuerza trabajadora del mundo.

Los restaurantes, tiendas de conveniencia, bazares o fábricas suelen pertenecer a personas bonsáis, quienes poseen y operan sus propios negocios, trabajando entre 10 y 16 horas diarias. Al Igual que las personas cactus, las bonsáis pueden vivir en la pobreza o en la riqueza. Lo que si queda claro, es que:

Las personas bonsáis que mejor saben recibir, mantener y crecer su dinero, contribuyen a la estabilidad económica, a la vez que garantizan una mejor vida para sus hijos. Las personalidades bonsáis saben balancear el flujo de dinero en el mundo a través del ahorro y el gasto consciente.

Personas Robles

Los robles son imponentes árboles que pueden llegar a medir hasta 45 metros de altura. Son sumamente llamativos y tienen un ramaje denso. Son árboles muy fuertes, sin embargo, por ser poco flexibles, corren cierto riesgo de partirse en medio de grandes tormentas.

Las personalidades tipo roble son aquellas cuya visión del mundo está centrada en la racionalización y el intelecto, donde el dinero en abundancia es producto del análisis exhaustivo y de las fórmulas complejas.

Las palabras clave son análisis y competitividad.

Disfrutan estar al mando de organizaciones rentables y ganadoras. Se sienten realizados a través de las posesiones materiales y los reconocimientos formales.

En líneas generales, las personas robles manejan el dinero desde la mente, porque piensan que es la manera como pueden ser dignos de respeto. Incluso, las personas robles pueden posponer eventos familiares si hay algún buen contrato que cerrar al otro lado del mundo.

¿Cómo perciben el mundo las personas robles?

Las personas robles ven el planeta como un lugar lleno de depredadores, donde hay ganadores o perdedores. Sienten que existe la pobreza en el mundo por la debilidad de la mayoría, y por eso ellas, son capaces de hacer cualquier cosa con tal de ganar la batalla por la sobrevivencia.

Esta necesidad de triunfo hace de las personas robles las más despiadadas de todas las personalidades financieras. Son las que obtienen las calificaciones más altas, las que siempre están de primeras en cualquier competencia y las que viven con un sentido de perfección personal. No aceptan un no como respuesta y siempre buscan dominar en el terreno donde están.

Las personas tipo robles son devoradoras de información y miden cada punto de su entorno para dar pasos seguros. Al igual que las bonsáis, las personas robles están al pendiente de todo lo que sucede y viven muy preocupadas por el futuro. Este estilo de vida les genera altos niveles de estrés, ya que quieren tenerlo todo bajo control.

Las personas robles son fácilmente influenciables por el statu quo. La mayoría de sus decisiones están basadas en el razonamiento y no en el sentimiento. Les angustia perder el control y jamás utilizarían el dinero para ayudar a otros, ya que el dinero es la recompensa del ganador. Las personas robles son los grandes negociadores y saben sacar provecho de las crisis financieras.

¿Qué debemos aprender de las personas robles?

Las personas tipo robles son muy importantes al mando de las corporaciones. Tienen un nivel de conocimiento financiero respetable, porque siempre buscan tomar decisiones que generen rentabilidad.

El nivel de riqueza interior de una persona roble radica en su razón, sobre todo porque sabe que el dinero bien utilizado puede crear cambios poderosos. Siempre tienen un equipo de expertos que las asesoran, y están siempre dispuestas a invertir donde hay dinero seguro.

Muchos de los graduados en Ciencias Puras, Ingeniería y Ciencias Financieras, son robles. Ellos crecen rindiendo tributo a la razón como la única manera posible de resolver los problemas en el mundo, y ven el entorno a través de números y fórmulas. Describen las experiencias como ganancias y pérdidas, según lo indiquen los números.

Como puedes observar, las personalidades tipo roble están comprendidas por los expertos de los que hablamos en el capítulo anterior (y que es el terreno en el que yo me formé). Son personas idóneas para hacer crecer una empresa, para tomar decisiones racionales y para asegurar que el dinero estará en un lugar que crece. Las personas robles son los grandes dioses de la revolución industrial.

¿Cuál es el sueño financiero de una persona tipo roble?

Formar parte de la lista Forbes de las personas más ricas del mundo. Liderar grandes empresas, vivir en casas lujosas y tener su avión privado.

¿Cuál es la lección financiera que las personas robles deben aprender?

Su alto sentido de análisis la puede convertir en una persona desensibilizada, emocionalmente hablando. Al concebir el mundo solo en función de lo tangible, medible y razonable, pueden poner en riesgo su bienestar integral, su desarrollo personal y su verdadera misión de vida.

Además de lo anterior, podemos decir que las personas robles pueden desarrollar una relación de idolatría con el dinero, ya que son muy buenas para multiplicar el dinero, pero se sienten aterradas cuando están en situaciones donde las pérdidas de dinero ocurren. Parte de los suicidios por problemas económicos provienen de personas muy competitivas que no supieron perder.

La mayoría de los empleos gerenciales y roles de liderazgo en las empresas, son ejecutados por personas robles. Para ellas el trabajo es el paraíso de la realización personal, sin el cual no pudieran vivir. Muchas de ellas están tan aferradas a sus profesiones, que no conciben sus vidas haciendo otra cosa.

Emocionalmente hablando, la mayoría de las personas robles están convencidas de que el dinero no tiene sentimientos ni amigos. Consideran que están muy ocupadas para ayudar a los demás y cuantifican cada centavo que poseen. Al vivir en una "jungla de cemento" donde unos deben perder para que otros ganen, no van a sentir ninguna culpa de sacarle provecho a los demás.

Para muchas personas robles, el plan financiero perfecto está en las inversiones, más que en el ahorro. La frase "Diversificación del Riesgo" es muy típica de todos aquellos que buscan sacar mayor beneficio con pérdidas mínimas. A menos que una persona roble se encuentre con una situación caótica que la lleve a elevar su conciencia por encima de su razón, es muy difícil que logre cambiar.

Y finalmente, las personas robles pueden caer en el error de destruir al planeta si detrás de ello hay buenas recompensas. Hay personas robles que han sido capaces de firmar proyectos que destruyen al planeta, atentan contra la vida de otras especies y dañan ecosistemas. Una persona roble obsesionada en hacer crecer su dinero es capaz de venderle su alma al diablo, y todavía dar argumentos lógicos del porqué está bien hacerlo.

Si tuviera que resumir en tres palabras lo que una persona roble necesita para crear una vida financieramente equilibrada, sería: Consciencia, Resiliencia y Armonía. El gran reto de las personas robles es aprender a valorar lo que no se ve, lo que no se puede contabilizar y a valorarse a través de quien realmente es, no de lo que sabe o lo que tiene.

¿Quiénes son personas robles?

- Las personas en altos cargos gerenciales
- Las empresarias del sector bancario y financiero
- Las personas que siempre se hacen notar por su intelecto
- Las que lograron altas calificaciones en el sistema educativo
- Las asesoras, expertas y académicas
- Las escépticas que conciben el mundo a través de lo tangible

Robles Famosos:
- Donald Trump – Reconocido Magnate de bienes raíces.

- John D. Rockefeller – Magnate petrolero.
- Henry Ford – Magnate de la industria automotriz.
- Bill Gates – Fundador de Microsoft.
- Stephen Hawking – Físico Británico.
- Carlos Slim – Empresario y Magnate mexicano

En líneas generales, a las robles no les va mal con el dinero, ya que todo lo que hacen, lo miden a través de su billetera. Lo que resulta difícil de conseguir, son robles sin estrés. Muchos viven un mundo tan acelerado, que corren riesgos de salud o viven aislados en sus propias fortunas.

Uno de los libros más interesantes acerca de las personas robles, es "El Monje que vendió su Ferrari", escrito por Robin Sharma. Es sin duda una lección de vida para quienes viven desensibilizados de sí mismos y del mundo que los rodea.
Las grandes empresas, las marcas exitosas y las organizaciones más prestigiosas se forman bajo la mirada celosa de las personas robles. Son los gerentes de grandes imperios y creadores de grandes masas de dinero. Lo que si queda claro, es que:

Las personas robles que desarrollan consciencia financiera, son las que contribuyen a un mejor planeta, tienen un enorme sentido de ayuda al prójimo y siembran valores de humildad y colaboración en sus hijos. Las personas robles saben cómo ayudar a las organizaciones de ayuda social y fundaciones sin fines de lucro a obtener donaciones importantes, para que generen un impacto positivo para todos.

Personas Bambúes

Los bambúes son plantas que inicialmente tardan mucho tiempo en salir a la superficie, pero una vez que lo hacen crecen muy rápido. Crecen hasta un metro en cuestión de horas y alcanzan su altura máxima en solo tres meses. Tienen unas raíces muy fuertes y profundas, que le dan estabilidad, a pesar de que su tronco es bastante delgado. El bambú no solo es un recurso muy utilizado para un sinfín de utensilios, sino que además es una planta muy flexible, con gran capacidad de adaptación a su entorno. Pueden soportar grandes tormentas y ser sepultadas por grandes nevadas, y siempre sobreviven con éxito.

Las personalidades tipo bambú son aquellas cuya visión del mundo es la de un enorme lugar lleno de posibilidades, donde el dinero en abundancia es parte de los placeres de la vida donde el pecado sería desaprovecharlo.

Las palabras clave son expansión y aventura.

Disfrutan a través de la innovación y suelen divertirse haciendo cosas diferentes al resto del entorno. Se sienten realizadas cuando le imprimen adrenalina a sus días.

En líneas generales, las personas bambúes manejan el dinero desde la diversión, porque sienten que es la manera como pueden ofrecer lo mejor de sí mismas. Incluso, las personas bambúes pueden renunciar a un buen empleo si no le dan permiso de tomar las vacaciones de sus sueños.

¿Cómo perciben el mundo las personas bambúes?

Los bambúes ven al planeta como un parque de diversiones y un lugar de abundancia financiera. Sienten que la pobreza existe en el mundo por la falta de auto-confianza de la mayoría, y por eso ellas hacen grandes inversiones en desarrollo personal y turismo de aventura.

Esta necesidad de aventura hace que las personas bambúes sean las más arriesgadas de todas las personalidades financieras. Al tener tanta confianza en sí mismas, saben que pueden lograr lo que deseen con o sin dinero, siempre y cuando fluyan con lo que están haciendo.

Las personas tipo bambú suelen crear sus días, y no se dejan influenciar por las noticias. Saben que tienen el poder de transformar su entorno y viven el presente con confianza en el futuro. Este estilo de vida las convierte en empleados rebeldes y personas difíciles de persuadir.

Las personas bambúes pueden llegar a crear caos en la vida de otras personas. La mayoría de sus decisiones están basadas en la libertad y no en la seguridad. Se sienten ahogadas en los entornos formales y jamás negociarían su tiempo por dinero, ni aceptarían trabajos monótonos. Las personas bambúes son las grandes inversionistas de riesgo y saben surfear las olas de la economía.

¿Qué debemos aprender de las personas bambúes?

Las personas tipo bambúes son muy importantes en el mundo del emprendimiento. Saben identificar las buenas ideas y apuestan por ellas aunque nadie más lo haga. Crean productos que hacen la vida más fácil, divertida y relajada para los demás.

El nivel de riqueza interior de una persona bambú radica en su flexibilidad, sobre todo porque entiende perfectamente que en toda crisis hay una oportunidad. El dinero fluye con facilidad en sus vidas y son imanes para los medios y los negocios.

Este estilo de vida de trabajo innovador, flexibilidad y disfrute ha creado una nueva tendencia de emprendedores llamados los nómadas digitales. Esta nueva ola de empresarios está formada por jóvenes y no tan jóvenes que crean empresas rentables basadas en internet, con pocos recursos y equipos de trabajo virtuales, mientras van recorriendo el mundo.

Hace poco le escuché a Jesse Krieger, autor de "Lifestyle Entrepreneur" una frase que describe claramente la visión de los bambúes: "El mundo es un parque de diversiones y al mismo tiempo un mundo de potenciales oportunidades de negocios".

¿Cuál es el sueño financiero de una persona tipo bambú?

Crear empresas innovadoras para luego venderlas por mucho dinero. Retirarse antes de los 35 años para disfrutar de sus vidas y del planeta.

¿Cuál es la lección financiera que las personas bambú deben aprender?

Su alto sentido de diversión la puede convertir en una persona despilfarradora y poco confiable, financieramente hablando. De la misma manera como pueden acumular grandes fortunas, pueden perderlo todo de la noche a la mañana, poniendo en riesgo la estabilidad de sus seres queridos.

Además de lo anterior, podemos decir que las personas bambúes pueden desarrollar una relación de desinterés con el dinero, ya que saben que el dinero va y viene. Para muchas personas bambúes, las bonsáis son personas aburridas que se toman la vida con mucha seriedad.

La mayoría de los negocios digitales son ejecutados por personas bambúes. Para ellas el trabajo debe ser divertido, y el dinero está hecho para disfrutarlo. Al vivir en una relación de aventura con sus negocios, se pueden convertir en empleadores muy riesgosos para quien quiera estabilidad laboral. Otras personas bambúes pueden ser víctimas de estafas en internet, ya que están siempre buscando lo que les genere dinero sin esfuerzo alguno.

Emocionalmente hablando, la mayoría de las personas bambúes están convencidas de que el trabajo digno es aquel que se realiza con placer. Al estar constantemente rodeado de ideas, viajes y diversión, es inconcebible sufrir por dinero, por lo que se pueden deshacer con facilidad de lo que requiera disciplina o frustración.

Para muchas personas bambúes, el plan financiero perfecto está en crear productos y servicios millonarios que todos quieran. La frase "Mantente hambriento, mantente alocado" es muy típica de todos aquellos que lo arriesgan todo por un sueño. Una persona bambú que quiera tener una vida con sentido, debe aprender a crear bases financieras sólidas y utilizar su creatividad para apoyar a los que contribuyen al bienestar del planeta.

Y finalmente, las personalidades bambúes pueden caer en el error de convertirse en la conflictiva de la familia. Hay personas muy ingeniosas que se obsesionan por imponer sus ideales sin importarles el daño que cause en otros. Una persona bambú obsesionada con sus ideas revolucionarias puede llevar a los demás en un deseo frenético de cambios, que más que progreso genere soberbia y conflictos.

Si tuviera que resumir en tres palabras lo que un alguien bambú necesita para crear una vida financieramente satisfactoria, sería: Prudencia, Interdependencia y Consciencia. Entender que cada persona va en un camino de desarrollo propio y que la innovación, las ideas y los cambios no pueden ser impuestos, sino negociados.

¿Quiénes son personas bambúes?

- Los relacionistas públicos y creativos publicitarios
- Los músicos y artistas plásticos
- Los emprendedores digitales
- Los deportistas y las modelos
- Los que trabajan en clubes y discotecas
- Los líderes de pandillas callejeras

Bambúes Famosos:

- Steve Jobs – Fundador de Apple y líder inspirador del siglo XIX.
- Jeff Bezos – Fundador de Amazon.com.
- Mahatma Gandhi – Líder político de la India.
- Madonna – Cantautora Pop, Actriz y Empresaria.

- Michael Jordan – El mejor jugador de baloncesto de la historia.
- Shakira – Cantautora y Creadora de la Fundación Pies Descalzos.
- Pablo Escobar Gaviria – Líder del Cartel de Medellín.

En líneas generales, las personas bambúes adoran ser el centro de atención. Es por ello que existen muchísimas personalidad bambúes famosas, aunque en realidad ellas sean la minoría en las personalidades financieras. Es importante resaltar que, al ser las bambúes personas muy influyentes en la sociedad, pueden lograr cambios muy buenos u ocasionar mucho daño a su paso (que está claramente descrito en esa polémica comparación Shakira – Pablo Escobar Gaviria). La clave está en el nivel de desarrollo personal que alcancen y los valores éticos que le acompañen en su camino a la grandeza.

Los ídolos generacionales, las empresas innovadoras, los héroes de la historia, los dueños de clubes, discotecas, agencias de viajes y productos de lujo pertenecen a personas bambúes. Al Igual que las personas robles, las bambúes tienen un estilo de vida cómodo. Lo que si queda claro, es que:

Las personas bambúes que reciben, mantienen y multiplican su dinero de forma ética y con consciencia, contribuyen a un mejor planeta donde todas las especies tenemos cabida, a la vez que el dinero se convierte en un aliado de bienestar para todos. Las personas bambúes saben balancear el flujo de dinero en el mundo a través de la innovación y el progreso.

Tú eres importante en el Ecosistema Financiero®

Ya sea que te identifiques con la personalidad cactus, bonsái, roble o bambú, eres y serás importante para el ecosistema en la medida que te relaciones con el entorno desde el amor que confía, y no desde el miedo que paraliza o ataca. Así como tenemos un ciclo de transformación del agua en el planeta donde la armonía está en el movimiento, de la misma manera el dinero tiene su propio ciclo, donde agentes compatibles y opuestos deben interactuar con fluidez para que el dinero circule por todo el ecosistema financiero.

Con frecuencia, lo que más nos cuesta lograr es el sentido de tolerancia con aquellos que no ven el mundo como lo vemos nosotros. La comprensión del otro y el consenso generan más cambios positivos que la imposición de nuestras ideas. Es por ello que te invito ahora, a conocer las asociaciones de plantas híbridas que permitan manifestar la abundancia en todas las áreas de nuestra vida y nuestro entorno.

Resumen del capítulo 2

- Hasta ahora hay 3 categorías o formas de agrupar a las personas según la manera como manejan el dinero: socio-económico (usado por las ciencias sociales), por ingresos (planteado por R. Kiyosaki) y por egresos (planteado por T. Harv Eker).
- Hay una cuarta categoría que propongo, y está relacionada con los valores personales que le imprimimos al dinero en nuestra vida: para ayudar a otros (cactus), para cuidar de los nuestros (bonsái), para competir con otros (roble) y para disfrutar de la vida (bambú).
- Seas cactus, bonsái, roble o bambú, tú también eres importante en el ecosistema financiero.

Reflexión: Mi personalidad financiera

1. Si tuvieras mucho dinero ¿En qué lo utilizarías? (ayudar a otros, en ayudar a los tuyos, en comprar artículos lujosos o en viajar por el mundo).

2. ¿Cuál es tu concepto de emprendimiento? (una fundación sin fines de lucro, un negocio familiar, una empresa multinacional o ser un inversionista ángel).

3. ¿Si tuvieras que dejar una huella de tu paso por este mundo, qué dejarías? (un mundo más equilibrado, una gran familia, una gran empresa o un nuevo estilo de vida).

Modelo de Ecosistema Financiero®
Derechos Reservados - Joselyn Quintero

CAPÍTULO 3

Los Híbridos del Ecosistema Financiero®

E l capítulo anterior te dejó con la clara idea de quién eres, o te dejó pensando que no encajas en ninguna de las cuatro categorías que te mencioné anteriormente. Si tu caso fue el segundo, es porque has avanzado en tu camino de evolución y eso te hace no ser una cosa, ni la otra.

En este capítulo llamaremos híbridos financieros a las personas que van en un camino evolutivo, y también a los complementos que creamos cuando nos relacionamos con personalidades financieras diferentes a las nuestras.

La Diferencia nos Fortalece

Hace poco estaba viendo un programa[2] del conocido presentador peruano Jaime Baily, donde invitó a su esposa Silvia y a Julio Bevione (autor argentino), para hablar acerca de las relaciones. Casi 20 minutos del programa giraron en torno a las quejas de ella acerca de la obsesión de Baily de utilizar 3 pares de medias que prácticamente no se las quitaba para nada (ni siquiera para lavarlas).

---

[2] Vídeo link: http://youtu.be/8S-u64EsI5k (ver desde 00:18:50)

En medio de la divertida consulta a canal abierto, Julio hacía preguntas y mostraba ejemplos de cómo nos enfocamos en lo que no queremos, olvidando agradecer lo que si tenemos. Ya casi al final, Jaime comenta que en su niñez siempre estuvo muy protegido del frío, mientras que Silvia comentaba que a ella le pasó lo mismo y era algo que odiaba.

Al final, el problema no eran las medias, sino lo que cada uno asociaba con las medias, a pesar de ambos compartir experiencias bastantes similares.

De la misma manera como ellos culpaban a las medias de cada una de las discusiones, alterando hasta las cosas más sencillas de su día a día, el dinero suele ser también el medio a través del cual muchos sacamos a flote las creencias y vivencias que tenemos.

Casi el 50% de los matrimonios terminan por problemas de dinero. Así como les pasó a mis padres, el amor y el dinero son los medios por el cual todos nos relacionamos con las fibras más sensibles de los demás seres humanos. Existe otra cantidad de matrimonios sin amor que se mantienen juntos por dinero, pero de eso muy poco se habla, porque es difícil medirlo.

A pesar de que vivamos peleando con nuestras parejas por dinero, lo que si es cierto es que las parejas no llegan solas, sino que las escogemos. Este sistema de escogencia tiene, además de la parte biológica, una parte subconsciente que se conecta con la otra persona, al punto de sentirnos atraídos.

En el mundo de las relaciones, ya sea entre parejas o amigos, nada es casual.

Durante muchos años he estado aprendiendo acerca del desarrollo personal, porque estoy convencida que debemos conocernos antes de relacionarnos con los demás. Conocerme claramente me ayuda a identificar lo que mi subconsciente busca en el exterior, o al contrario, lo que me sucede en el exterior y que le busco una explicación a partir de las señales que pueda estar emitiendo desde mi subconsciente.

Siempre me consideré en el mundo del dinero como un roble (alguien mental y competitivo). En realidad soy una roble criada por un maravilloso bonsái (alguien con muchísimas capacidades que no las desarrolló para darle prioridad a su familia). Mi novio también es un roble financiero, igualmente criado por unos bellísimos padres bonsái. El hecho de compartir las mismas profesiones, los mismos valores y el mismo sentido de futuro es maravilloso. Pero también ambos somos controladores, y ahí es donde está la piedra del zapato a la que hay que prestar atención.

Yo soy un roble que va más hacia la aventura y la expansión, mientras que mi novio es un roble más conservador y precavido. Yo soy una evolución de roble a bambú, mientras que él es una evolución de bonsái a roble. Evidentemente, aquí vacacionamos si conseguimos una buena oferta o si podemos hacer uso de sus millas acumuladas en líneas aéreas y hoteles. Sabemos disfrutar sin derrochar.

Algunas veces yo me quejo de que siempre decide por lo más económico, mientras él se queja de que soy una aventurera con el dinero. Claro, entre esas aventuras siempre olvida que vivimos juntos porque una vez decidí venderlo todo en Venezuela y mudarme a su país. De hecho, el compartir la vida con alguien conservador me da seguridad para que yo sea más aventurera. En esta relación, la de las decisiones arriesgadas que nos haga crecer soy yo, mientras él se encarga de ser el soporte que aguante las caídas.

Si ambos fuéramos iguales, sería como tener un automóvil con un solo pedal: o no avanzamos, o nos estrellamos. Es necesario que seamos diferentes, porque la diferencia hace el complemento. Lo importante es identificar las diferencias y valorarlas para lograr juntos más cosas de lo que podríamos alcanzar por separado.

De la misma manera como las parejas evolucionan al identificar las diferencias y utilizarlas para crecer, una empresa logra evolucionar cuando sus socios comparten una misma visión desde diferentes perspectivas. Siempre es bueno tener la combinación acelerador y freno para avanzar con seguridad hacia lo que queremos.

Antes de continuar, es importante aclarar que las diferencias nos pueden unir o nos pueden separar. Nos separan cuando queremos tener más razón que resultado (o me siento dueño de la verdad), y a eso le llamamos conflicto. Por otra parte, las diferencias nos unen cuando anteponemos el resultado que queremos a la soberbia de querer tener la razón, y lo llamaremos negociación o complemento. La conciencia hace la diferencia entre el conflicto y la negociación.

Vamos a ver entonces algunos buenos híbridos de personalidades financieras evolucionadas, o relaciones ganadoras que evolucionan gracias a sus diferencias, es decir, que se complementan.

Híbridos Bonsái-Roble

Para todos los que nacimos en los últimos 100 años, este es uno de los complementos más conocidos. En la medida que el mundo se hizo más industrializado, el desarrollo profesional se hizo cada vez más necesario.

Muchos padres talentosos han dejado de lado sus propios placeres para darles a sus hijos la mejor educación posible, y es allí donde muchos materializamos la grandeza de nuestros padres sacrificados.

Las grandes corporaciones están llenas de personas altamente profesionales que ocupan cargos que ni siquiera sus papás saben describir con claridad a qué se dedican sus hijos. A este nivel de complejidad intelectual hemos llegado.

Siempre recuerdo que mis decisiones financieras asustaban a mi mamá: Cuando dejé mi primer "buen trabajo" para irme a una empresa menos estable que me pagaba más, cuando vendí mi primer "automóvil bonito" para comprarme otro más grande, y cuando firmé la compra de mi apartamento, pagando unas cuotas mensuales equivalentes a la mitad de mi salario. Según ella, las decisiones riesgosas eran para el que tenía dinero.

De la misma manera como hay personas roble que provienen de bonsáis, están las relaciones entre personas bonsáis con personas robles.

Este ejemplo es claro en los ejecutivos que se casan con personas hogareñas que cuidan celosamente de sus familias. Se da con mayor facilidad entre hombres robles con mujeres bonsáis, que entre mujeres robles con hombres bonsáis. Si tu esposo es alguien con un cargo de mucho renombre y tú lo acompañas a reuniones donde no entiendes de qué hablan, es muy probable que tu relación sea bonsái-roble.

Una de mis mejores amigas es un roble cuyas relaciones siempre han sido con hombres bonsáis. Casi siempre sus ingresos han sido el doble de lo que reciben sus parejas, y su maestría para manejar el dinero además le hace multiplicarlo con facilidad. En su actual relación ella es la que tiene el cargo gerencial, el vehículo, la vivienda y además la que viaja. Su novio tiene un trabajo operativo, con un ingreso modesto que solo le permite pagar los gastos más modestos. Evidentemente, ella es su mejor asesora financiera.

Híbridos Roble-Bambú

La era digital ha sacado a flote una cantidad de personas súper especializadas que salen de las grandes corporaciones y universidades para emprender en sus ideas novedosas. Esto es lo que consigue un roble cuando evoluciona a bambú.

Un ejemplo global para muchos es Mark Zuckerberg, creador de Facebook. Siendo un amante de las profundidades tecnológicas y con estudios de psicología, un día dejó la promesa gloriosa de la universidad, para crear un negocio digital que convirtiera ambas especializaciones en algo innovador.

A mi juicio, este es una de las evoluciones más riesgosas de todas, pero que si se hace correctamente puede generar cambios poderosos. Para lograrlo, se requiere tener una alta dosis de autoestima y humildad, dejando de lado la competitividad, para desarrollar colaboración.

Siendo yo un roble en transformación, veo con claridad las dificultades a las que nos enfrentamos: tu perfil de LinkedIn entra en el conflicto de lo que eres y lo que sueñas ser, tienes una doble vida corporativa-emprendedora, nadie entiende esa "locura" que se te metió en la cabeza, y hay quienes evitan tocarte el tema porque piensan que estás en una secta.

Hace un tiempo conocí a Tatiana Lemos, una reconocida psicóloga con una forma de pensar muy particular. Durante muchos años trabajó en su consultorio y era invitada como especialista a diferentes programas de televisión. Muy dentro de ella, había una necesidad de hacer "algo diferente" que la hiciese sentir más y pensar menos. Un día decidió adentrarse por un mes en la amazona venezolana, donde se conectó con quien verdaderamente era.

Después de eso, y a pesar de que su familia le decía que estaba loca, ella entendió que ser una prestigiosa psicóloga no era tan apasionante como desarrollar un programa de Turismo Terapéutico, donde ella aplicara sus conocimientos de psicología a las vivencias en entornos naturales. Vendió su consultorio y desde entonces se ha dedicado a crear su propio programa, enseñando a las personas a descubrir su grandeza interior al pie del Salto Ángel, la caída de agua más alta del mundo. Ha tenido altibajos en su camino, pero está segura (y yo también) que va a llegar muy lejos con su proyecto.

Otro maravilloso híbrido roble-bambú es la coach de vida Marie Forleo. Según cuenta en una entrevista realizada por Tony Robbins, Marie posee grados académicos en finanzas, y trabajó por mucho tiempo en la bolsa de valores de Wall Street. Actualmente tiene varios libros en el mercado, un programa de desarrollo personal para las mujeres en YouTube y todo conectado con un negocio millonario. Aunque Marie disfruta las mieles del éxito, puedo imaginar claramente todos los comentarios de sus ex-colegas y amigos, tildándola de "loca" al dejar Wall Street para ser coach de vida.

Las relaciones entre robles y bambú están determinadas por el ego y por la importancia que el roble de la relación le dé a las opiniones de externos. Tener una relación con alguien relajado y aventurero no debe ser fácil, sobretodo porque el bambú vive en un estado de auto-realización personal, mientras el roble vive en la auto-realización profesional.

Los robles nunca creerían en los saltos cuánticos que suelen dar los bambúes, y generalmente no los apoyan hasta que no ven materializados los cambios. Para mi novio, mis proyectos son sueños hasta que le muestro los resultados. Afortunadamente cuento con alguien que apoya mis sueños, puesto que conozco relaciones donde el roble sabotea los sueños de su pareja bambú.

Entre las cosas interesantes que puede lograrse en una relación roble-bambú, es que el bambú busca la expansión mientras que el roble aporta el análisis. El roble no se asusta con el riesgo (como lo haría el bonsái), pero aportan escepticismo, buscando la racionalidad tales como fechas, análisis de costos, rentabilidad de los proyectos. Los bambúes aportan la creatividad, el sueño en grande y materializan lo que todavía no existe.

Híbridos Bambú-Cactus

Cuando la expansión se encuentra con el sentido de ayudar a otros, la transformación es increíble. Es incluso mucho más poderoso cuando el sentido de ayudar se convierte en el motor para expandirse por el mundo entero. La frase que mejor describe el híbrido bambú-cactus es Altruismo Ilimitado.

Hace un tiempo, en un entrenamiento de desarrollo personal, conocí a Katy (nombre ficticio), una señora que por su estatura, dulzura y sencillez, me recordó a mi mamá. Aunque Katy nunca me comentó a qué se dedicaba, una de las personas que la conocía mejor me contó que ella se dedicaba a la venta de objetos de arte, y que ese negocio le generaba ingresos mensuales por el orden del millón de dólares.

Un día, sin yo saber todavía cómo ni cuánto ganaba, le pregunté por qué había decidido participar en el entrenamiento. Katy me dijo que había pasado muchos años viviendo tranquila haciendo lo que le gusta, pero que sentía que "algo" le faltaba. Necesitaba conocer su misión de vida y estaba en búsqueda de ello.

Aunque a muchos les parezca banal, en realidad la evolución del bambú comienza en su sentido de vida, en descubrir cómo puede ser de ayuda a quienes no cuentan con las mismas condiciones de vida que él ha alcanzado.

Un ejemplo reciente es el de Scott Harrinson un joven americano que pasó su juventud en los clubes y fiestas más exclusivas. Luego de un tiempo, sintiéndose rodeado de gente y vacío por dentro, emprendió un viaje a África, donde descubrió que un recurso tan básico como el agua era todo un tesoro en algunas localidades. Fue así como creó Charity:Water[3], un proyecto donde se organizan celebraciones y cuyos obsequios son donaciones que hacen los amigos del elogiado, para proveer de agua a las localidades más remotas de África. Scott supo convertir la popularidad en un poderoso modelo de ayuda social.

En sentido contrario encontramos a Malala, la joven de 14 años ganadora del premio Nobel de la Paz 2014. Siendo una gran luchadora de los derechos de la educación de las niñas, convirtió su mayor desgracia en un mensaje de conciencia y ayuda para las más vulnerables. Aprendió a comunicar sus ideas y aceptó ingresar a salas de conferencias llenas de periodistas que divulgarían su historia y su lucha. Para un cactus evolucionado, la humildad significa entender que dejarse ver y hablar del bien que hace, es parte de la estrategia para expandir su ayuda.

---

[3] http://www.charitywater.org/

Las relaciones bambús-cactus están llena de satisfacción personal. El corazón es lo que los une para dejar legados que van más allá de la fama y el dinero. Lamentablemente, hay muchos bambús ocupados en sus diversiones y muchos cactus que critican el estilo de vida de los bambús. Si ambos lados desarrollaran armonía y decidieran trabajar en conjunto, esa relación fuera la fuerza más poderosa de cambio en el mundo.

Híbridos Cactus-Bonsái

Estos híbridos son los más comunes y los más retadores de llevar adelante. Y no es porque el dinero falte o sobre, sino porque sencillamente se escoge entre la familia y la ayuda.

No conozco ningún caso famoso de un cactus-bonsái, y es normal que éstos sean anónimos, pues ambos sienten que es de arrogantes hacerse notar. Sin embargo, voy a ilustrar este caso con alguien a quien conozco, valoro y cuya historia se repite en muchas familias.

Yerccenia vive en una casa alquilada en una zona turística de Venezuela. Trabaja junto con su esposo vendiendo artículos de limpieza, lo cual les da el sustento necesario para pagar sus cuentas y alimentarse. Su esposo estudió mercadeo, pero muy poco lo ejerció. José ayuda a Yerccenia en la distribución de la mercancía, con su viejo automóvil que se deteriora con los años.

El enorme corazón de Yerccenia la llevó a rescatar y cuidar de los gatos abandonados de la zona donde vive. Para el momento en que la conocí tenía unos 25 gatos y otros a los que solamente alimentaba, puesto que ya no tenía espacio en su casa. A excepción de sus vecinos, realmente nadie sabía quién era ella ni la labor social que realizaba. En realidad, a ella tampoco le interesaba hacerlo notar.

A raíz de un estudio financiero del rescate animal que realicé, y que fue publicado en prensa, Yerccenia me contactó. Posiblemente yo era la única que sabía los mayores detalles de su vida, porque se sintió en la confianza del no-juicio. En líneas generales, Yerccenia estaba socialmente aislada cuidando de más de 25 animales con sus propios ingresos, los cuales cada vez se hacían más escasos.

José, aun siendo conocedor de la publicidad y del impacto que genera esto en el crecimiento de las empresas y organizaciones, prefirió apoyarla en el trabajo del día a día. Juntos han pasado momento de escasez, de angustias y de emergencias. Él muchas veces se siente cansado de apoyarla, y ella a veces siente que él no comprende su misión de vida. Si vamos al ejemplo de freno y el acelerador, yo diría que las relaciones cactus-bonsáis son de automóviles que avanzan empujándolos, porque mientras uno quiere utilizar todo su dinero ayudando a todos, el otro se angustia de no poder satisfacer su seguridad con el dinero que recibe.

En las relaciones cactus-bonsáis, se necesitan altas dosis de amor y comprensión, ya que ambos lados están renuentes a crecer. Se logra un avance solo sí: 1) crean redes comunitarias que les permita ayudarse y mantenerse, y 2) se abren a recibir de un tercero que motive, oriente y ayude. En la historia de Yerccenia y José, ellos han creado redes de apoyo con otros rescatistas de animales abandonados, mientras que yo he sido el roble que ha dado soporte, y el bambú que les ha llenado de ideas, creando incluso una página de Facebook para promover sus historias de rescate y recaudar fondos[4]. Entre urgencia y escasez, han ido avanzando poco a poco.

Híbridos Robles-Cactus

Cuando la mente se casa con el corazón, aparecen los híbridos roble-cactus. Generalmente se tratan de personas (o parejas) que utilizan el conocimiento técnico para ponerlo al servicio del bien común.

---

[4] https://www.facebook.com/HistoriasDeRescate/

Probablemente el mejor ejemplo sea Luis Von Ahn. Nacido en Guatemala y con un doctorado en ciencias de la computación de la Universidad Carnegie Mellon (Estados Unidos), Luis comprendió que parte del progreso social se encontraba en el aprendizaje del idioma inglés. Es por ello que, haciendo uso de sus profundos conocimientos de tecnología, creó Duolingo[5], una red social de aprendizaje de inglés completamente gratuita, cuyo éxito la expandió a 8 idiomas. En sus primeros 3 años Duolingo llegó a 38 millones de usuarios.

En cuanto a relaciones Roble-Cactus podemos nombrar a Bill y Melinda Gates. Bill es creador de Microsoft, empresario de la tecnología y el hombre más rico del mundo. Melinda trabajó en Microsoft, donde se conocieron, se casaron y luego ella lo incentivó a hacer la donación más alta del mundo (38.000 millones de dólares), creando la fundación Bill y Melinda Gates. Esta fundación se dedica a promover una mayor equidad en las áreas de salud, educación, acceso a bibliotecas y apoyo para niños necesitados. Como legado a la humanidad, Bill y Melinda esperan erradicar la Malaria en el mundo.

Híbridos Bambú-Bonsái

¿Alguna vez has conocido a alguien que haya pasado de desapercibido y hogareño, a convertirse en alguien popular y aventurero?

En líneas generales, eso sería un híbrido bambú-bonsái. Creo que los casos que más se parecen son esos donde una persona común se gana la lotería y de repente se encuentra con una vida completamente opuesta.

Esta experiencia la vivió Jane Park[6] en el año 2013, al ganarse 1 millón de libras esterlinas (aprox. 1.5 millones de dólares) con tan solo 17 años. Su vida cambió de la noche a la mañana, convirtiéndose en el centro de atención de la

---

[5] https://www.duolingo.com/es
[6] http://www.bbc.com/news/uk-scotland-30452537

prensa. Una de las cosas que más le costó fue repartir el dinero entre sus familiares, sobre todo por el temor de que algunos le dijesen que les estaba dando muy poco. Jane, a pesar de darse gustos que antes eran exóticos, ha sido prudente. Ya compró su casa y le sigue pareciendo pesado vivir alejada de su familia.

Pero no todas las historias son tan bien llevadas, como fue el caso de Willie Hurt, quien se ganó 3.1 millones de dólares en la lotería, pero al cabo de 2 años ya había perdido todo en drogas y divorcio. Pasó de ser un hombre tranquilo y familiar, a perder contacto con su mujer y sus hijos, incluso siendo acusado de asesinato. Otro caso interesante es el de Evelyn Adams, quien se ganó la lotería en dos años consecutivos, perdiéndolos en juegos de azar. Evelyn actualmente vive con muy poco, en un remolque.

Por otra parte, en el ámbito de las relaciones Bambú-Bonsái podemos hablar de las plebeyas que se han convertido en parte de las realezas, o los desconocidos que se convierten en el centro de la atención al emparentarse con alguien popular o famoso.

Creo que todos tenemos derecho a vivir mejor, pero nada puede garantizarlo más que la decisión de prepararnos para vivir mejor. Para quienes sueñan con ser ricos y famosos de la noche a la mañana, deben tener claro que no es imposible serlo, pero más importante que tener, es mantener. Para mantener lo que se desea es necesario tener humildad, valores, disciplina financiera y librarnos de cualquier creencia que nos sabotee. A menos que quieras tener un minuto de fama solamente, debes aprender a relacionarte con tu propia riqueza, en lugar de permitir que la riqueza externa nos defina.

Ya seas Cactus, Bonsái, Roble, Bambú o una mezcla de ellos, es importante que descubras tu riqueza interior. Aprender a identificarnos, saber de qué está compuesta nuestra semilla, es el primer paso para cosechar la vida que soñamos. En el siguiente capítulo estaremos conociendo y sembrando tu semilla de riqueza.

Resumen del Capítulo 3

- Hay dos formas de evolucionar en el dinero: por decisión y por relación. A esto le llamamos híbridos financieros.
- Aquellas personas que consideras tus oponentes, son realmente tus complementos. El poder está en el híbrido.
- Tu entorno define quien eres hoy, pero tus acciones definen quien serás mañana. Todos podemos evolucionar en el mundo del dinero y la riqueza, si así lo decidimos.

Reflexión: Híbridos Financieros en mi vida

1. ¿Te reconoces más como un híbrido, que como una personalidad específica?
2. ¿Tienes amigos o familiares con quienes tienes diferencias en el manejo del dinero?
3. ¿Hay algún talento o conocimiento que puedes poner en acción en otro contexto? (social, empresarial, familiar o personal).

CAPÍTULO 4

Sembrando tu Semilla de Riqueza

Hace un tiempo, caminando cerca de mi casa, me conseguí un pichón de cuervo en el pavimento, con las alas abiertas y tratando de esconderse. En su primera experiencia de vuelo, fracasó y cayó al suelo. Al estar en un lugar vulnerable, decidí llevarlo a casa y dejarlo en el patio trasero. Pasaba el día viendo al cielo, escuchando los demás pájaros pasar y comiendo la comida que yo le ofrecía. Justo dos semanas después, levantó vuelo y se fue.

El pequeño cuervo, quien en su primer intento había fracasado y trataba de sobrevivir, en poco tiempo pudo abrir sus alas y ascender con éxito. No necesitó de terapia psicológica, ni de libros de autoayuda, ni de una regresión mental para reprogramar el fracaso en su mente. Sabía que podía volar y lo único que necesitaba era el entorno correcto para prepararse. Mi trabajo consistió en crearle el entorno seguro donde pudiera desarrollar sus habilidades innatas.

La capacidad de recuperación de los animales es asombrosa, cuando la comparamos con la capacidad humana para levantarnos de los fracasos. Quizás sea porque tenemos más espacio cerebral donde almacenar historias, pero los seres humanos somos expertos en hacer de una situación cualquiera, un trauma de vida que nos paraliza hasta para vivir la vida que tanto soñamos tener. Y muchas veces ni siquiera nos damos cuenta que nos estamos auto-saboteando.

Tal como te conté en el capítulo introductorio, el divorcio de mis padres me convirtió psicológicamente en una mujer divorciada de mi papá: crecí pensando que los hombres abandonaban a las mujeres, y por eso siempre estuve a la defensiva cuando alguien se mostraba interesado en mí. Frases como "todos los hombres son infieles", "todos los hombres son iguales", "los hombres solo quieren aprovecharse" eran parte de mi repertorio conversacional, al mismo tiempo que asistía a cursos y conferencias de crecimiento personal. No importa cuánto dinero inviertas en aprender algo nuevo, si no vacías tu mente de frases limitantes, nada cambiará.

Esta incoherencia entre lo que decía y lo que quería duró 20 años exactos, y terminó en un consultorio psicológico, cuando contaba que mi papá se divorció de mi mamá después de 15 años de matrimonio, para casarse con alguien con quien ya llevaba 20 años de casado. No era un hombre infiel, no era inestable, no era malo y no me había abandonado. Los hechos estaban frente a mí, pero la historia que traía conmigo estaba tan fijada en la mente, que la psicóloga tuvo que recurrir a la matemática elemental para poder desprenderme de la historia de "hija divorciada de un padre infiel y traicionero".

Después de esa iluminadora sesión, mi forma de relacionarme con mi papá y con el sexo opuesto cambió para siempre (de hecho, mi novio tiene una personalidad serena y protectora muy parecida a la de mi papá, y eso me encanta). Ahora tengo claro que los problemas de los demás no son los míos, que fue decisión de mi mamá refugiarse emocionalmente en nosotros, y que eso no me hace responsable de lo que a ella le haya tocado vivir. Cada quien que cargue con sus propias historias, y que se deshaga de ellas cuando se sienta listo para soltarlas. Solo podremos hacerles compañía mientras cargan su cruz, y siempre habrá psicólogos, psicoterapeutas y coaches que ayudarán a destapar cloacas mentales".
Ahora te preguntarás: ¿y todo esto qué tiene que ver con sembrar nuestra semilla de riqueza?

Si entendemos que ya venimos con todas las herramientas necesarias para volar muy alto, y además entendemos que muchas de las cosas que nos bloquean son historias que nos contamos a nosotros mismos, podremos crecer tanto como queramos. Todo está dentro de nosotros, y este capítulo trata de revisarnos a nosotros mismos a todo nivel: como especie, como cultura y como individuo.

La Camisa de Fuerza no Cura la Demencia

No importa cuánta explicación rodee una imagen, la mente en sólo segundos toma, etiqueta y almacena la información que estamos recibiendo. Como si se tratase de un ratoncito en una enorme bodega, algo pequeño que entró en microsegundos en nuestra mente puede crearnos perturbación y distracción durante largo tiempo, incluso toda la vida. Necesitamos la misma paciencia y atención de un gato para poder identificar la idea saboteadora y sacarla de nuestra mente. Si decidimos dejarlo ahí para convivir con esas ideas mientras nos ocuparnos en otra cosa, los demás logros que alcancemos se los comerá el ratoncito saboteador.

De esta misma manera funciona nuestra relación con la palabra "Dinero". Cuando niña, el dinero entró a mi mente con tres ratoncitos: El primero fue cuando mi mamá trabajaba unas 15 horas diarias, El segundo fue cuando veía los episodios de Disney donde Rico Mc Pato era un arrogante millonario, y el tercero se repetía domingo a domingo, viendo de principio a fin el programa de la lotería. Estos tres ratoncitos sembraron una idea que la gran mayoría de las personas tienen en su almacén mental:

"El trabajo da sustento pero no riqueza y la riqueza pone en riesgo tu humildad"

Obviamente, al no tener nadie que me demostrara lo contrario, es decir, no conocía a nadie que alcanzara la riqueza a través de su trabajo ni tampoco conocía en persona a algún millonario humilde, entonces cualquier cosa que hiciese, llevaba implícita la orden:

"Obtén ingresos trabajando honradamente, pero no te hagas rico porque perderías la humildad"

Eso me hacía mantenerme al margen de cualquier persona que con su cochino dinero fuese a ensuciar mis valores, o que me ofreciese oportunidades de ganar más con menos sacrificio.

Si tú eres de las personas que evita conversar con el adinerado dueño de la empresa en la que trabajas, o le huyes a cualquier entorno donde se hable abiertamente de dinero, entonces sabes de lo que estoy hablando.

No importa si eres médico o contador, sabes que hablar de TU dinero abiertamente (o de la falta de él) es tan incómodo como desnudarte a disfrutar del sol en una playa nudista.

Pero solemos pensar que nuestros problemas de falta de dinero se resuelven en la ruleta rusa de la lotería, como quien repara una tubería rota metiéndole más agua. Ese drenaje irracional de esperanza, que intercambia sueños a cambio de horas de trabajo (porque el dinero con el que compras el ticket de lotería proviene de tu trabajo), es una institución creada por los gobiernos. Hasta donde sé, las loterías están bajo el control y administración de instituciones gubernamentales. Pero de esto hablaremos más tarde.

Yo llamaría a las loterías el "Impuesto a la Ignorancia", ya que estadísticamente hablando, pierdes más dinero en la lotería, que depositando ese dinero en una cuenta de ahorros que te cobre comisión y pague los intereses más bajos del mercado (incluso, si vivieras en un país con alta inflación). Al igual que la industria del tabaco, las drogas y el alcohol, las loterías son el mercado adictivo legal más rentable del mundo.

Aclaro: cuando las loterías tienen un fin 100% benéfico, es diferente, porque es una manera de retribuir a quienes ayudan a crear un mejor mundo para alguien más.

Pero la mayoría seguimos pensando que la lotería es la mejor opción para salir de esta relación amor-odio del dinero, y que por arte de magia vamos a resolver nuestros problemas financieros. En realidad, seguimos pensando que nuestro problema es el dinero, y vivimos con la esperanza de que algún día caerá del cielo un poquito más. Pero así como la camisa de fuerza no cura la demencia, el dinero no cura la pobreza.

Está científicamente demostrado que la gran mayoría de las personas que se ganan los grandes premios de la lotería, son capaces de mantener el dinero durante 2 años solamente. Eso deja claro que la falta de dinero no es el problema, sino el que maneja el dinero. Y Si el problema viene de adentro, la solución también. La riqueza de la naturaleza se da a partir de lo que sucede en el subsuelo, y no en las frutas.

Entonces, para entender esta interacción secreta, vamos a separar el proceso de germinación de tu riqueza en 3 factores, que llamaremos: Tierra, Abono y Estaciones.

Tierra: Herencias y Creencias

No importa de qué país provengas, cada cultura posee un "código de dinero" heredado desde ciento de años atrás. Algunos llegan a estar tan arraigados en la mente, que no concibes un contexto diferente y estás completamente convencido de que TU realidad es igual a LA realidad

Y esas realidades que llevamos con nosotros se convierten en los filtros con los que interactuamos con otros, ya sea porque las aceptamos o porque las rechazamos. En ambos casos es lo mismo: las proyectamos.

Para que tengas una idea, te voy a contar un poco acerca de dónde provenimos la cultura hispana (al menos lo que aprendí de la historia), cuáles fueron los valores sembrados en nuestra mente y cómo eso nos hace relacionarnos con nuestro entorno.

Como bien lo sabemos, parte de la forma de ser y vivir actual proviene de las civilizaciones europeas. Muchísimo antes de que Cristóbal Colón llegara a América, los europeos se invadían y se conquistaban unos a los otros. La riqueza estaba en las tierras, porque de ahí provenía el sustento.

Cerca del año 720, al sur de los Pirineos sucede lo que se llamó la Conquista Musulmana de Hispania, que no fue más que la invasión de los árabes musulmanes a la península ibérica. Esa invasión duró unos 700 años, junto con todas las muertes, violaciones y mezclas que eso conlleva.

Cuando finalmente Hispania (que luego se convirtió en España) logra librarse de los musulmanes, entran en un estado de éxtasis nacionalista y poderío cultural, que terminan por trasladarlo al continente Americano (no es bueno ni es malo, es sencillamente un proceso histórico). Irónicamente ellos mismos luego cometen muchas vejaciones de las que fueron objeto en su momento, sobretodo porque en ese momento se consideraba que los nativos americanos no tenían alma, y el trato hacia ellos era muy parecido a lo que hoy día muchos sienten al ver un perro callejero o una vaca en un matadero.

Estas mezclas de 700 años en España entre locales y musulmanes, que luego se mezclaron 300 años más con los nativos americanos, inyectaron ciertas creencias culturales, que rigen nuestra manera de interactuar, hacer negocios y acumular riquezas en toda la cultura hispana. Vamos a repasar algunas de ellas:

El Trabajo

El hecho de provenir de un entorno donde el sometimiento era la norma, y la producción era forzada, nos lleva a asociar el concepto de trabajo como sinónimo de esclavitud. En sentido contrario, y con el mismo efecto, interpretamos que quien no es esclavo, es explotador, ladrón o usurero.

Esta interpretación de las relaciones de producción nos pone en dos extremos peligrosos, donde elijo 1) vivir en la resignación del trabajo explotado, 2) pasar al bando de los poderosos explotadores. Es aquí donde se originan las relaciones conflictivas (producto del subconsciente) roble-cactus donde el primero saca ventaja del segundo, o bambú-bonsái donde la expansión del primero causa recesión del segundo.

Cuando una persona cactus o bonsái tiene en su mente la convicción de que las personas con dinero son explotadoras, automáticamente está asumiendo una posición de víctima esclavizada. Igualmente, cuando una persona roble o bambú está convencida de que la única manera de mantenerse es explotando a otros, no va a tener compasión con nadie, hasta lograr llegar y mantenerse en el nivel que desea.

En un entorno tan renuente a trabajar, la productividad tiende a ser muy baja. Al existir baja productividad, hay cada vez menos oportunidades de crecer, ya sea como individuo o como sociedad. Es una sociedad que produce muy poco, y lo que produce lo hace con desgana.

Por otra parte, esta disociación trabajo-productividad hace que muchas personas no logren tener éxito al emprender. El emprendimiento tiene un grado de libertad que está balanceado con responsabilidad, y allí es donde está incorporado el uso correcto del tiempo. Aunque para muchas personas eso de "hacer dinero mientras duermes" suena muy atractivo, en la práctica se requiere de muchas horas sin dormir y muchos recursos para poder lograr que un negocio despegue, de la misma manera como un niño recién nacido requieren atención día y noche, hasta que finalmente crezca y podamos dormir tranquilos.

En otras culturas, el trabajo es símbolo de auto-realización. Hay una sensación de utilidad social a través de la labor diaria por la que le pagan a la persona. Entienden que el trabajo está asociado a productividad, no a esclavitud. Esto les permite estar comprometidos con lo que hacen, valoran la responsabilidad de cada tarea.

Esta asociación del trabajo como productividad o como esclavitud, no la aprendí hasta que viví en Bélgica. No sé si todas las personas nacidas al norte de Los Pirineos son así, pero siento que cada minuto del día en esta parte del mundo tiene un valor incalculable para las personas, y eso implica que cada empleado da lo máximo de sí mismo en cada momento. Probablemente esto explica que se considere una ofensa hacerle perder el tiempo a los demás, o que se adornen mucho las palabras al expresar ideas.

Por supuesto que esto no es el paraíso, porque otra cosa que aprendes es que muchas personas son productivas en algo que toman como la única manera de hacer las cosas, y donde no necesariamente el corazón está puesto. Es una manera de asumir el trabajo como una obligación y no como una opción para ser productivos.

Está más que claro que una de las bases de la riqueza es el trabajo asumido con productividad. Quienes tienen el corazón en lo que hacen, terminan el día con menos estrés y más satisfacción que aquellos que se sienten obligados a vender su tiempo por dinero. Si esta fuese la norma (generar ingresos desde el amor y no desde el miedo), ni siquiera existiera la delincuencia, pues dudo enormemente que un delincuente se sienta valioso y amado robando a otros.

El Comercio

Este punto te lo voy a ilustrar con una historia que vi muchas veces durante mi niñez.

A una cuadra de donde vivía, había una pequeña tiendita atendida por un matrimonio asiático. Eran señores que lograron aprender español, a sus ya cuarenta años. Dado que era una tienda con mucho movimiento, todos los conocían. Todos los vecinos les comprábamos a ellos gran parte de los ingredientes para la comida, cada vez que nos faltaba algo.

Nunca supe a qué hora se levantaban, ni a qué hora se acostaban. Pero lo que si veía con frecuencia, eran las discusiones de los compradores que iban a la tienda. No importa lo que fueran a comprar las personas, todas siempre se sentían robadas. La frase "chino ladrón" era la que más se repetía en ese local, siempre por las mismas personas, durante años.

No sé si en tu cultura o tú país pasa lo mismo, pero algo que he observado a través del tiempo es que las personas que menos riqueza tienen, son las que menos valoran el trabajo de los demás. En este sentido, el comercio tiene un estigma particular que paraliza hasta el más proactivo ser humano.

Los comerciantes son al mercado, lo que la sangre es al cuerpo humano. Su función es la distribuir los productos y ofrecerlos lo más cerca posible, para que aprovechemos mejor el tiempo. Es un trabajo, no es un pasatiempo. Un comerciante se gana la vida comprando y vendiendo productos, así que es normal que obtenga ganancia en su trabajo.

Cuando algo no te convenga por precio o calidad, no es necesario insultar. Basta con no comprarlo, o caminar un poco más hasta que consigas lo que buscas, al precio que esperas. Y si decides comprar un producto, págalo. Eso también aplica al sistema educativo y a los entrenamientos en los que te registres. Haz de tu dinero un medio para honrar el trabajo de los demás, y los demás lo harán con tu trabajo. Recuerda que todos somos parte del mismo ecosistema financiero.

La Humidad

La palabra humildad ha sido una cortina de humo para adornar la pobreza. Y cuando se confunde un valor con un problema financiero, entonces terminamos pensando que la falta de dinero nos hace dignos.

Antes de adentrarnos en los sentidos figurativos de las palabras, vamos a definir la pobreza.

Pobreza no es más que la carencia y es lo opuesto a la riqueza. Obviamente, dependiendo del contexto viene la interpretación. La pobreza de espíritu es la carencia de espíritu, la pobreza financiera es la carencia de dinero, la pobreza generalizada es donde todo falta. Ninguna pobreza sustituye a otra, cada una es independiente y ocupa un área específica de nuestra vida.

Si partimos de la premisa de que vivimos en un planeta lleno de abundancia donde podemos tener acceso a todo lo que queramos si así nos planteamos y además lo trabajamos, entonces podemos decir que el mundo está lleno de riqueza. Si nuestra premisa es que el mundo es un lugar donde todo falta y donde hay que vivir con sacrificio, entonces no importa donde vayas, siempre verás pobreza.

En realidad yo no soy quien para decirte lo que debes ver, pero entendiéndose que el título de este libro habla de riqueza, entonces asumo que tú estás en búsqueda o al rescate de tu riqueza. Ya sabes también que tenemos ratoncitos en el almacén de nuestra mente que nos perturban, así que lo mejor que puedes hacer para salir de esa incoherencia entre lo que quieres y lo que tienes, es que te conviertas en el gato de tu mente y prestes atención cuando aparezcan esos pensamientos saboteadores, los captures y los saques.

La pobreza es carencia, e identificas que algo te falta porque te incomoda desde lo más profundo de tu ser. Si te sintieses bien con esa carencia, entonces no es pobreza. Si percibes la pobreza, sabes que te incomoda, pero te dices que no es "tan importante", entonces te estás engañando con resignación.

Ahora pasemos al concepto de humildad. La humildad es la virtud que consiste en el conocimiento de las limitaciones propias, y obrar de acuerdo a esto. Es decir, no es humilde quien sabe que le falta algo, y actúa como si lo tuviese. Lo contrario de la humildad es la arrogancia.

Podemos decir entonces, que aquel que sabe que tiene pobreza financiera pero vive como si no le importara el dinero, porque cree que lo importante es lo espiritual, está siendo arrogante. De igual manera, el que utiliza la tarjeta de crédito o pide prestado para comprar algo que sabe que no puede pagar, está siendo financieramente arrogante.

Siguiendo el mismo ejemplo, aquel que sabe que tiene pobreza espiritual (que nada tiene que ver con las religiones) pero vive como si no le importara, es arrogante. El que sabe que está obrando con mala intención contra otros y cree que con dinero lo puede arreglar, está siendo arrogante.

El pobre es humilde cuando acepta que no tiene (dinero, salud, talentos, etc.). El pobre es arrogante cuando, aun sabiendo que necesita de algo, se dice a sí mismo que eso no es importante.

El rico es humilde cuando acepta que tiene (dinero, salud, talentos, etc.). El rico es arrogante cuando, aun sabiendo que tiene ese algo, se sigue diciendo que no es suficiente.

Conozco ricos que siguen pensando que no tienen suficiente, de la misma manera como conozco pobres que se sienten orgullosos de sus carencias. Conozco ricos que viven agradecidos y hasta comparten, de la misma manera como conozco pobres que se enfocan en mejorar su calidad de vida.

Ahora, ya que tiene un poco más claro la diferencia entre pobreza (carencia) y humildad (auto-aceptación), pasemos a revisar algunas frases que solemos decirnos a nosotros mismos, y que nos alejan de la riqueza (sobre todo la financiera, que parece ser la más medible):

1. **El dinero genera problemas:** En realidad no es el dinero, sino el concepto que las personas tienen acerca del dinero. Cuando eres humilde acerca de tu riqueza, sabes que el dinero es una expresión, pero no contiene la totalidad de lo que realmente eres.

2. **Si gano mucho dinero, alguien más lo va a perder:** A menos que lo estés robando con plena y total consciencia, será así. Este pensamiento es frecuente en quien piensa que los pobres existen porque los ricos le quitan el dinero.

3. **La gente rica muere enferma:** ¿Acaso estás diciendo que la pobreza es una garantía de salud? El dinero no garantiza la vida, pero te permite vivir experiencias gratas mientras estás de paso por aquí.

4. **No soy bueno en los números:** a decir verdad, Henry Ford no sabía de vehículos, Bill Gates no creó el sistema operativo de Microsoft y hay personas que tienen negocios exitosos aun teniendo impedimentos físicos.

5. **Es imposible tener riqueza y felicidad al mismo tiempo:** ¿Acaso la pobreza es garantía de felicidad, despreocupación y tranquilidad?

6. **Los ricos están completos:** En realidad, cada día aparecen más millonarios jóvenes en el planeta, con empresas que crean en días.

7. **Las ventas y el marketing me parecen una estafa:** si cambiamos la frase por "El servicio y la disposición" ¿Tendría mejor sentido para ti?

8. **Se necesita tiempo para manejar la riqueza:** En mi experiencia como consultor de procesos financieros para empresas multinacionales, te puedo decir que el 99% de las transacciones son automáticas.

9. **Todos los políticos son corruptos:** antes de repetirlo, recuerda que Gandhi y Nelson Mandela fueron importantes políticos en sus países. El tema político lo hablaremos más adelante.

10. **Si genero mucho dinero, el gobierno me lo quita:** ¿De verdad vas a sacrificar tu potencial por la soberbia de no complacer al gobierno? ¿Sabes lo que significa la palabra "planificación fiscal"?

11. **Somos pobres, pero honrados:** Esto al igual que la humildad, es una confusión entre valores y condiciones. La honradez no es lo opuesto a la pobreza, pero muchas personas lo utilizan como un sustituto de lo que bien saben que les falta en sus vidas para vivir como sueñan.

Esto es sólo un abrebocas de los ratoncitos alojados en nuestro almacén mental. No vamos a hablar aquí de la parte religiosa (ni anti-religiosa), porque requeriría un libro completo. Por ahora sólo dejo claro que religión y espiritualidad, no son sinónimos.

Vamos a hablar ahora de la conexión entre lo que crees acerca de ti y lo que haces cada día.

Abono: Rutinas y Auto-Concepto

¿Algunas veces ha terminado tu día y te das cuenta que no hiciste nada productivo?

¿Has llegado a fin de año y ni siquiera recuerdas cuáles fueron las promesas que te dijiste que ibas a cumplir ese año que termina?

Cada comienzo de año, miles de personas se prometen a sí mismos el cielo, la luna y todos los sueños que nunca han hecho realidad. Muchas personas tienen rituales para tener un año nuevo mejor, más próspero y cargado de todo lo positivo que se merecen. Pero el ritual no les ha traído ninguno de los resultados, así como tampoco ha hecho ajustes al ritual para mejorarlo.

Somos predecibles en cada una de nuestras acciones. No necesitas estudiar nada profundo para entenderlo, basta con mudarte o cambiar de empleo, y verás el esfuerzo que debes hacer hasta para realizar las tareas más simples. Somos seres de rutinas y rituales, encerrado en lo que se llama costumbre.

Es bien conocido en el mundo de marketing que, si quieres tener éxito con tu idea de negocio, debes incluirlo en un hábito que tu cliente ya tenga. Si el hábito no existe, entonces crea un ritual donde tu producto o servicio sea el elemento clave. El tequila se consume con sal y limón, de la misma manera como los compromisos de matrimonio se cierran con un anillo (donde el precio del anillo es una medida de amor).

De la misma manera como la lotería de los domingos era un ritual en casa, los seres humanos tenemos comportamientos predecibles a través del día y de los años. Mi ritual preferido es el café de las mañanas, y extrañamente me duele la cabeza si llega mediodía y me doy cuenta de que no me lo tomé (cuando no me acuerdo, no me duele).

Para mí, hay dos maneras de predecir el futuro de una persona: su tiempo y su dinero.

Cuando no tengo información de sus finanzas, la forma como utilizan su tiempo es la segunda forma más certera de saber dónde van a estar dentro de unos años.

Tengo una ahijada que desde pequeña siempre le ha sacado provecho a su tiempo: a los 5 años ya había ganado un concurso de belleza infantil en mi país, a los 6 ganó a nivel internacional y a los 18 ya tiene todo un perfil profesional en diferentes ramas: modelaje, pasarela, fotografía, y 3 idiomas bien hablados. Todo esto sin contar que es muy sencilla, ávida lectora y con valores familiares muy bien sembrados. Apenas comienza la universidad, y ya es una profesional consagrada. Valora todo lo que tiene, mientras va con paso firme por lo que quiere.

Existen rutinas que son necesarias, y otras que las escogemos. Yo no puedo evadir el tráfico matutino, pero puedo escoger entre el noticiero y un audiolibro mientras llego a mi destino. Yo puedo escoger entre ver la telenovela o leer un libro, entre pasar 2 horas en Facebook o en un curso online. Si el tiempo fuera una moneda y las opciones unos productos, verías claramente cómo unos gastan mientras otros invierten. Y el tiempo, a diferencia del dinero (y como una forma de medir tu estadía en esta existencia), no es reembolsable.

Lo sepas o no, valoras tu tiempo como una consecuencia del valor que te das a ti mismo. A su vez, el valor que te das proviene de tu auto-concepto.

El auto-concepto no es más que la idea que te formas acerca de ti mismo. Tu nivel de auto-concepto te permite tomar las decisiones más adecuadas y cómo evaluar objetivamente las situaciones. De acuerdo con Blair Singer, el auto-concepto es uno de los elementos del éxito. Apostamos por nosotros mismos cuando estamos convencidos de que somos valiosos.

Los elementos que nos permite evaluar nuestro auto-concepto son:

1. **El YO ideal:** Es nuestra proyección futura de nosotros mismos. Cuando niños, las personas nos preguntaban: ¿Qué quieres ser cuando crezcas?, y nosotros respondíamos en función a ese Yo Ideal. Esa pregunta siempre la contestábamos con entusiasmo, porque teníamos la confianza de que podíamos lograr todo lo que quisiéramos. Con el tiempo, muchos dejamos de hacernos esa pregunta, y fuimos perdiendo el arte de proyectarnos en el futuro.

2. **El YO real:** Es la percepción actual de nosotros mismos. Dado que vivimos en un mundo donde todos tienen algo que opinar de nosotros, es muy fácil que nuestro yo real esté construido por la opinión de otros (padres, colegas, amigos, medios de comunicación). El yo real está compuesto a su vez de la auto-imagen (cómo nos vemos) y de la auto-estima (cuánto nos queremos).

El Yo Real es el punto de partida de toda tu transformación como semilla de riqueza. Si tu Yo Real está estropeado o es muy bajo (ya sea porque no te aceptas o no te quieres), entonces juzgas tu riqueza por lo que otros piensen, digan u obtengan de ti. Incluso, si llegases a tener riquezas materiales, lo utilizarías como un medio para ganar aceptación o respeto de otros. La avaricia y el despilfarro son manifestaciones de un bajo Yo Real.

El Yo Ideal es la guía con la que mides todos los resultados de tus acciones diarias. La mayoría de las personas elaboran su Yo Ideal en base a lo que otros le dicen que debe ser, y esto los hace vivir en un constante estado de insatisfacción. Peor aún, hay personas que ni siquiera saben lo que quieren de sí mismos o en sus vidas, ni siquiera tienen una imagen propia a futuro.

Hay personas sumamente talentosas que se frustran por cualquier pequeño error, ya que su Yo Ideal es muy alto. Cuando comencé la universidad, yo tenía como meta graduarme con honores, lo que implicaba que debía obtener la mayor puntuación en todas las asignaturas para tener un récord impecable. Al perder la primera asignatura, el sentimiento de fracaso y pérdida fue increíble. Lo que yo no entendía era que, a diferencia de los estudiantes más destacados, yo estaba atendiendo un empleo de 8 horas, atendía 4 horas de clases diarias y me quedaban sólo 4 horas para estudiar, entre 10pm y 1 de la madrugada?

A veces olvidamos las cosas admirables que hacemos cada día, y nos auto-flagelamos por detalles que no tienen mayor importancia. No somos perfectos, ni tenemos porqué serlo.

Por otro lado, hay personas con un Yo Real tan bajo, que no se creen capaces de lograr nada por sí mismos, entonces no realizan ni siquiera el mínimo esfuerzo. Frases como "yo no sirvo para _____", "yo no tengo talento para _____" o "sólo los que tienen _____ pueden lograrlo" son conversaciones saboteadoras en un Yo Real muy bajo.

Deisy, una de mis vecinas es un buen caso de lo mucho que nos desconocemos. Sin haber terminado la preparatoria, ella aprendió peluquería y tenía un pequeño salón en su casa, al que yo visitaba todos los domingos para arreglarme el cabello y las uñas (como parte de mis rutinas). Ella siempre me consideraba "muy inteligente", mientras que ella se consideraba a sí misma "una tonta que no sirve para estudiar" (su Yo Real). Viviendo con sus padres y siendo madre soltera a sus 25 años, ella no tenía plan de vida y, aunque su sueño era tener una casa, lo veía como un imposible. Luego de muchas conversaciones entre ella y yo, y después de que ella comenzara una relación con alguien que dictaba clases para adultos, Deisy finalmente retoma la preparatoria. Sorprendida consigo misma, se encontró fascinada con aprender, entendía todo con rapidez y le explicaba a los compañeros más rezagados. En poco tiempo ya tenía un plan de vida y estaba llena de entusiasmo. Hoy Deisy está estudiando en la universidad.

Cuando te quieres y te aceptas, estás fortaleciendo tu Semilla de Riqueza. Cuando planificas tu vida de acuerdo con tus propias expectativas, estás sembrando tu Semilla de Riqueza.

Seguro ahora tú te preguntarás: ¿Y el dinero? De eso vamos a hablar a continuación.

"La vida florece a través del flujo de dar y recibir"

Deepak Chopra

@Depositphotos

Estaciones: Los Ciclos Financieros

La naturaleza es la riqueza abundante más grande que pueda existir, y a ella pertenecemos. Cuando miras a tu alrededor, la naturaleza está en constante reproducción y movimiento.

Sin embargo, el hombre, en su afán de hacerlo todo predecible y estático, atenta contra la naturaleza. Cuando construimos pavimentos donde antes había tierra fértil, cuando desviamos ríos para construir represas y cuando preferimos agendar una cita para un parto por cesárea, para que nos cuadre el permiso postnatal con las vacaciones y los feriados, estamos luchando contra el perfecto equilibrio de la naturaleza.

Seguimos con la arrogancia de pensar que el sol debe girar a nuestro alrededor, y no terminamos de entender que todo en la vida, inclusive el dinero, tiene un ciclo natural. Aquí vamos a hablar de cómo funciona el ciclo financiero de cada ser humano, tomando como ejemplo a las plantas ante los ritmos naturales de las estaciones.

Primavera

Antes de nacer, ya existíamos. Nadie tenía que convencer a nuestras madres de lo contrario, ellas sabían que nosotros veníamos. La certeza estaba alimentada por la fe y el amor.

Lo mismo sucede en primavera: desde lo más recóndito de las profundidades, se manifiesta una semilla que viene germinándose, sin prisa pero sin pausa. De la misma manera sucede con los huevos de los pajaritos, quienes rompen el cascarón cuando están listos para salir.

Todos nacemos con lo que necesitamos, todos vinimos completos para la misión que nos corresponde llevar a cabo. Desde personas como Nick Vujicic[7] hasta mascotas como Panda Jaramillo[8], todos somos una expresión de la riqueza de la vida. La diferencia está en valorarla o rechazarla, de acuerdo con el balance entre el Yo Real (lo que soy) y el Ideal (lo que pienso que debo ser).

Los que miden la riqueza en función del dinero y lo material, creen que nacieron sin nada. Pero para quienes comprenden que la riqueza es mucho más que lo visible, saben que nacieron con todo. Lo demás es trabajo.

La primavera financiera es ese primer billete que recibimos, ese primer salario que obtenemos, ese aumento que tanto deseábamos. Pero como toda estación, es sólo el comienzo y sería inocente creer que todo será una eterna primavera.

Es justo en la primavera financiera donde las decisiones deben ser lo más inteligentes posible. Si nuestras creencias y nuestros valores están alineados correctamente, haremos de eso que recibimos algo maravilloso. Si estamos desalineados, corremos el riesgo de perder la abundancia manifestada.

La palabra clave de la primavera financiera es: **Existencia***.*

---

[7] Nick Vujicic es un reconocido motivador, autor y conferencista, famoso por superar sus límites físicos. Ver: http://es.wikipedia.org/wiki/Nick_Vujicic

[8] Panda Jaramillo es una perrita que nació sin patas delanteras, y justo cuando iba a ser sacrificada, su actual familia decidió adoptarla. Con el tiempo desarrolló la capacidad de caminar erguida sobre sus dos patas traseras, y tiene hoy una vida normal. Ver: http://www.inspirulina.com/universo-panda-jaramillo.html

Verano

Durante muchos años vamos sumando conocimientos y experiencias que se van convirtiendo en las bases de quienes somos o lo que creemos. Cuando alcanzamos cierto nivel de madurez, el ritmo de expansión llega a la cúspide, y es allí donde nos convertimos en la representación de todo lo que hicimos en base a nuestras creencias y rutinas diarias.

En la naturaleza, el verano es la época del brillo y la calidez. El polluelo ya está listo para volar. Los árboles dan sombra según las características de su semilla, aunado al abono que fueron recibiendo mientras crecían. Hay árboles que crecieron mucho, mientras que otros fueron tratados para mantener un tamaño que fue-se cómodo para el entorno.

En el mundo de lo tangible, el verano financiero no es más que el resultado de las decisiones tomadas: unos lograrán materializar mucho, mientras otros materializarán poco. Unos habrán alcanzado un nivel de vida cómodo, mientras otros habrán trabajado mucho pero recibido poco.

Si bien es cierto que estamos haciendo comparaciones paralelas entre el ciclo de vida del hombre, las estaciones y el dinero, no quiere decir que sólo los jóvenes pueden materializar abundancia. Sin importar la edad, todos podemos gozar de un verano financie-ro abundante, si supimos aprovechar la primavera, o mejor dicho, si supimos utilizar ese primer flujo de dinero que se materializó en un momento determinado.

Si una empresa, que apenas comienza, sabe utilizar su flujo de efectivo, podrá crecer y expandirse sin problemas. En caso contra-rio, si los dueños de la empresa están desarmonizados interiormente con el concepto de dinero, posiblemente la empresa muera sin haber conocido su grandeza.

Todo lo visible siempre es consecuencia de lo invisible. Todo lo externo es consecuencia de lo interno. La riqueza está en la semilla.

La palabra clave del verano financiero es: **Consecuencia**

Otoño

De todas las especies que habitan el planeta, quizás es hombre es el menos renuente a envejecer. No es casual, recuerda que no nos gusta fluir con los cambios de la naturaleza. Existe toda una multimillonaria industria alrededor de la ilusión de controlar los signos evidentes del otoño en nuestras vidas.

Probablemente, esta sea una de las etapas más difíciles en el ser humano, porque esta etapa se caracteriza por la pérdida de muchas cosas que para nosotros representa la aceptación social. Este cambio de regreso hacia el origen le llamamos crisis.

Para la sabia naturaleza, el otoño no es pérdida, sino desprendimiento.

Las plantas dejan caer sus hojas sin llorarlas, porque confían en que su riqueza no está en las hojas, sino en la semilla de donde proviene. Los colores que observas durante otoño son únicos, pues cada árbol luce entre amarillo, naranja y rojo, cual monjes budistas en plena meditación soltando su ego para reconectarse con su esencia.

El otoño financiero es desesperante y doloroso para el ser humano, incluso más intenso que el primer aliento al nacer. Está demostrado científicamente que para el ser humano la pérdida es 250% más dolorosa que cualquier ganancia, y eso se manifiesta a todo nivel. Las personas que pierden lo material pasan por emociones muy fuertes, que en nada se parecen a los árboles que pierden sus hojas.

Lo que para la naturaleza es desprendimiento, para el ser humano es pérdida. La razón principal está en la confianza, pues el árbol está conectado con el ciclo y se deja fluir desde su riqueza. El ser humano se hace preso de la incertidumbre y se hace impredecible.

De acuerdo con la Neuroeconomía, el ser humano puede lidiar con el riesgo de perder, pero no puede manejar la incertidumbre de no saber lo que va a pasar. Es la incertidumbre lo que lleva a muchas personas al suicidio cuando se ven en medio de una crisis financiera, de esa que les arrebata todas las posesiones materiales.

Yo diría que en finanzas, así como en las demás áreas de la vida, la mayor iluminación como persona la alcanzamos cuando aprendemos a desprendernos. Quien sabe desprenderse nunca pierde.

La palabra clave del verano financiero es: **Desprendimiento**

Invierno

Hace un tiempo escuché una frase maravillosa que decía algo así: "En medio de la nada, todo es posible". Las personas no sabemos lidiar con el vacío, con lo que ya no está. Cuando no entendemos que todo es un ciclo, sentimos que esto es el fin.

No es casual que muchos sufran de depresiones en invierno, porque el momento invita a tomar reposo, a vivir encerrados protegiéndonos del frío, y a contemplarnos en el adentro. Para quien no sabe vivir consigo mismo, la soledad se convierte en una amenaza de vida. Pero para quienes venimos de países tropicales (es decir, lugares donde nada cambia), el invierno es casi un milagro de la naturaleza.

Hasta ahora no conozco ninguna otra especie que se queje tanto del invierno como el ser humano. En el planeta cada quien sabe el rol que le corresponde, lo que hay que hacer para sobrevivir. En realidad yo no lo llamaría sobrevivir, sino fluir. Incluso los árboles, estando completamente secos, pálidos y desnudos, siguen alimentando sus raíces porque saben que esto parte del ciclo de la vida. La primavera llegará.

El invierno financiero se da en nuestras vidas cuando lo material se hace mínimo, aunque dentro de ti estés lleno de riquezas. La pobreza de lo visible no implica la pobreza de lo invisible. El hecho de que no lo veas no implica que no exista. Sigue sembrada la posibilidad del todo, aún en medio de la nada.

El dinero es tan importante para nosotros, como lo es el sol para las plantas, pero la ausencia de sol no implica que las plantas se vayan a morir.

El hecho de que tú en este momento tengas pobreza material, no implica que vayas a morirte (claro, a menos de que entres en la arrogancia de que "el dinero no es importante"). Para mí, se trata de mantener ese equilibrio interno, mientras tomas las decisiones más adecuadas para mantenerte en medio del vacío.

Quien sobrevive al invierno financiero, descubre su semilla de riqueza. Personas como Donald Trump, quien llegó a quedar en la bancarrota y luego logró levantarse, jamás vuelven a ser los mismos. En el proceso, una luz interna se despierta, y se convierte en la fuente que todo lo alimenta. Si él, teniéndolo todo, llegó a caer y se levantó, tú también podrás lograrlo.

Este terreno invernal es una lucha entre la mente y las emociones. Para quien no sabe transitarlo, es un cuarto oscuro donde no ve salida. Aquí, justamente aquí, las fórmulas financieras no aplican. Este es un vacío que calibra el carácter, el espíritu y saca a flote los verdaderos valores. Si sales de esto, sales de cualquier situación.

Lo importante durante este tiempo es trabajar con lo que tienes, más que andar quejándote por lo que no tienes.

Tampoco es un tema de resignarse, sino de prepararse. El invierno financiero es una etapa de preparación y visualización. Saber qué puedes ofrecer a cambio para lograr resultados en tu vida.

La riqueza material es importante, pero no indispensable.

Tú tienes cosas más valiosas que otros andan buscando. Aprende a asociarte con inteligencia, de la misma manera como los pingüinos sobreviven en las nevadas gracias al calor que se dan entre ellos.

Al salir de esta experiencia enriquecedora, habrás aprendido una habilidad de la que muy pocos han hablado, y que será uno de mis temas a tratar a futuro: Resiliencia Financiera. La resiliencia financiera no es más que la habilidad de salir adelante en medio del más duro caos de dinero.

La palabra clave del verano financiero es: ***Resiliencia***

Aprender a valorarte con lo que tienes te permitirá lograr lo que quieres.

Ahora que conoces mejor tú semillas de riqueza, tus creencias, tus Yo Real e Ideal y además puedes identificar los ciclos de dinero en tu vida, vamos a conocer un poco más del entorno concreto, y cómo ello afecta tus raíces de riqueza.

Resumen del Capítulo 4

- Nacimos con todo lo necesario para vivir como soñamos, pero en el camino desarrollamos creencias que nos auto-sabotean.
- Nuestro auto-concepto es la manera como percibimos nuestra propia riqueza. La expresamos a través del uso que le damos al tiempo y al dinero.

- Todos los seres humanos pasamos por 4 estaciones financieras: Existencia (primavera), Consecuencia (verano), Desprendimiento (otoño) y Resiliencia (invierno). Tu semilla de riqueza la puedes ver con mayor claridad cuando aprendes acerca del desprendimiento y desarrollas resiliencia financiera.

-

Reflexión: Soy Semillas de Riqueza

1. ¿Cómo te consideras a ti mismo, acerca de quién eres y hasta dónde has llegado? ¿Tu dinero para expresa cuánto vales?

2. ¿Cuáles son tus creencias acerca del trabajo, el comercio y valores como la humildad? ¿Cuáles de ellas son creencias heredadas y cuáles son creencias elaboradas?

3. ¿Te consideras una persona responsable de tu futuro, o eres de los que está a la espera de que alguien lo haga por ti? ¿Quisieras crear dinero a partir de lo que vales, o por un golpe de suerte?

CAPÍTULO 5

Abonando las Raíces de la Vida que Sueñas

Me considero una mujer ambiciosa. Sí, estoy convencida de que merezco mucho más, y todos los días me levanto con la firme convicción que hoy seré mejor que ayer. La razón de mi convencimiento es porque todas las noches me voy a dormir feliz y agradecida de haber cumplido mis metas del día, así como de haber dejado escritas las del día siguiente. Tengo mi propio noticiero de buenas nuevas.

Yo soy mi inversión más rentable. Desde los 16 años estoy acostumbrada a invertir en mi gran riqueza: conocimientos y experiencias. Por eso, a mis 36 años, te puedo decir que:

Soy humildemente brillante, ambiciosa, agradecida, exitosa y feliz.

(Y en este momento puedo sentir como esta frase te genera un corto circuito en tu mente, una combinación de escándalo y fascinación).

Para muchos, la palabra ambición suena a maldad y genera rechazo. Como la mayoría de los conceptos errados que tenemos, debo decirte que ambición es el "deseo ardiente de conseguir riquezas". Bajo la premisa de que somos semillas de riqueza, entonces queda claro que la ambición es tema de este libro.

Lo contrario de la ambición es el conformismo. Es decidir quedarte a medias en tu potencial. Es abandonar la carrera para la que tanto entrenaste, porque te parece arrogante ganarla. Extrañamente, quienes confunden humildad con pobreza, confunden ambición con avaricia, y en su afán de ser humildes, también se convierten en conformistas.

Conozco personas con talentos increíbles que nadie conoce, porque les parece que está mal decir que son muy buenos en eso. ¿Cuál es el beneficio de ocultar nuestros dones, esos con los que podemos ayudar a muchas personas? El conformismo se puede convertir en egoísmo cuando anteponemos nuestro deseo de ser aceptados, ante nuestra misión de vida.

Los conformistas son aquellos seres que ocultan sus talentos por evitar las críticas, los que deciden vivir frustrados con tal de no incomodar a otros y los que sacrifican su propia libertad de expresión y elección, sólo para ser aceptados en un grupo (mejor conocido como el síndrome de Solomon).

Pero los conformistas no nacen... ¡los hacen!

En este capítulo vamos a hablar acerca de cómo otros entes de este ecosistema nos abonan (o pasman) las raíces cada día, y por qué unas personas viven sus sueños, mientras otras mueren soñando.

Insectos y Plagas: Sistema Educativo *versus* Educación

Desde que nuestra especie decidió crear instituciones, todos nos esforzamos por ser aceptados. Antes de ser civilizados, éramos nómadas que andábamos por el mundo en manadas para protegernos. Pertenecer es una manera de protegernos. Pero pertenecer a algo que no nos deja ser, es como confundir la trampa con el queso... estamos aferrados a varias trampas, diría yo.

El Fracaso del Sistema Educativo

Todo lo que conocemos acerca de la autorrealización a través del sistema educativo, ha sido una mezcla de buen marketing con adoctrinamiento social.

Para las generaciones anteriores, el sistema educativo era la única medida del éxito, al punto de identificar la deserción escolar como un fracaso. Desde que existe internet y comenzamos a enterarnos de las cosas con mayor rapidez, nos hemos dado cuenta que los desertores del sistema educativo también se pueden convertir en personas muy exitosas.

En realidad, el sistema educativo es una manera de preparar masivamente a las personas para suplir con efectividad puestos vacantes en las empresas. No es casual que las empresas valoren tanto a los más jóvenes, pues saben que no están comprando talento sino energía (al menos la mayoría).

El sistema educativo fue creado con las mismas características y el mismo fin de la revolución industrial: la producción en masa de empleados, junto con la reducción de la incertidumbre en la vida de las personas. Es un sistema, lo que implica que está creado para ser eficiente y predecible.

Pero cuando el sistema te mantiene distraído e inútil, es hora de abandonarlo, para crear uno que te haga eficiente y productivo.

Como si se tratase de un castigo, millones de enérgicos niños de 5 años son obligados a estar sentados horas en una silla, escuchando charlas de temas variados que no aparecerán en su currículo, pero los hará empleados. Luego de 10 años repitiendo este ritual de lunes a viernes, salen de la preparatoria con total convencimiento de que este es el único camino al éxito: estar inmóvil, repetir el sermón, obedecer ser aceptados.

Si por alguna razón tú eres amante del arte, eres hiperactivo o eres disléxico, seguramente la escuela fue tu más grande tortura.

Yo siempre fui buena estudiante, así que nunca me pregunté si era normal pasar tantas horas sentada y vigilada, cual delincuente en una cárcel de medio turno. Siempre puse por delante el mandato de ser una "buena niña".

Es justamente esta etiqueta de "bondad" la que hace a algunos abandonar su esencia, para aceptar lo que el entorno impone. Muchas personas tienen una vida vacía y frustrada, porque internamente desean ser algo para lo que las empresas no tienen vacantes disponibles. Se requiere valor para defender nuestra autenticidad en un mundo donde solo eres aceptado si eres complaciente. Esto hace un mercado muy rentable para los coaches de vida. ¡Imagínate, necesitamos alguien que nos lleve de regreso a la conciencia de estar vivos y reconocernos como seres auténticos!

Aclaro que yo no estoy en contra de los maestros, sino en contra del sistema educativo como la panacea de la realización de TODOS los seres humanos. De hecho, si la educación fuera tan importante como la mercadean, los maestros ganaran igual que los políticos y los militares. En realidad creo que el sistema educativo, con su rigidez y poca democracia, más que hacernos avanzar, nos ha mantenido en una total parálisis por análisis.

La Educación es la Clave

Aunque muchos confundan la herramienta con el resultado, hay un abismo práctico entre el sistema educativo y la educación (o aprendizaje). El sistema educativo es exclusivo del aprendizaje, pero el aprendizaje no es exclusivo del sistema educativo. Y esta es la parte donde las sociedades han fallado para abonar la semilla de riqueza que hay en nosotros: crear entornos donde los niños aprendan de acuerdo a quienes son, y no que tengan que "encajar" para poder aprender. El sistema educativo está tan pervertido, que algunas escuelas y universidades se dan el lujo de seleccionar quién entra, y quién no. Crecemos con la necesidad de ser acepta-dos.

Ha sido más fácil discriminar a los niños hiperactivos, que crear escuelas para talentos no analíticos (artistas, deportistas, músicos, emprendedores). Todos los seres humanos tenemos la capacidad de aprender, porque es una condición innata de relacionarnos con el entorno. No existen personas brutas, sino incomprendidas. Cada uno de nosotros, sin importar nuestras preferencias, somos inteligentes. La inteligencia es una condición innata de la naturaleza, a la cual pertenecemos.

Mi grupo de amigos en mi país de origen estaba conformado por 6 mujeres y 1 hombre. Nosotras éramos hijas del sistema educativo en su máxima expresión, todas orgullosas de ser profesionales aunque no nos alcanzara el salario. Jorge, el único hombre, era parte de los que no encajan en ese sistema, llegando solo a terminar la secundaria. Todas teníamos empleos en buenas empresas, mientras Jorge era parte de los independientes. Con solo 33 años, Jorge tenía las vacaciones, el tiempo libre, la vida social y el automóvil BMW que ninguna de nosotras logramos tener.

Hasta ahora, el camino del emprendimiento ha sido completamente informal, y está en su naturaleza que así sea. En ese mundo nada es predecible y eso hace que todo sea posible. Cada quien estudia lo que sabe que necesita aprender. Los emprendedores desarrollan su propio *pénsum* de estudio en base al conocimiento que aplicarán inmediatamente. Al margen del sistema educativo, hay una enorme estructura de maestros que enseñan desde la experiencia y los errores. A ellos se les llaman mentores.

Los mentores son esas personas que te resultan mucho más económicas que toda tu carrera universitaria, y te llevan de la mano al éxito deseado. Están comprometidos con tus resultados y se convierten en inspiración y admiración. Además de ellos, también están las autoridades, que son aquellos que han escrito sus propias historias y consejos en un libro del cual aprendes. La experiencia de transitar el camino desde que lees por primera vez a una autoridad hasta que se convierte en tu mentor, te transforma de manera más personal, que profesional.

Las crisis de desempleo en los últimos años han dejado en evidencia que el sistema educativo no es la respuesta a todas las preguntas. Sabemos recibir instrucciones, no resolver problemas. Tantos años estudiando, y todavía no saber cómo proveernos de alimento diario, deja muy mal parado al sistema educativo como motor del desarrollo de un país. Es por ello que el progreso de los países no está en el sistema educativo, sino en la educación.

La existencia de internet ha hecho que cada vez más personas se auto-eduquen en cuestión de segundos. Los informes escolares que antes nos llevaban horas en escribir, ya es solo cuestión de copiar de Wikipedia y pegar en un documento Word. Los maestros van todos los días a aprender de los alumnos, aunque no lo reconozcan e insistan que es al contrario.

Otro gran cambio que está generando internet es que cada vez más padres están decidiendo trabajar desde casa, dedicando más tiempo a sus familias y fortaleciendo los lazos familiares. Internet está creando un nuevo grupo entre los empleados y los desempleados: *los inempleables*.

Esta palabra, que todavía no existe en español, no es más que el deseo de una persona de NO ser parte de una organización, pero sí venderle a ella. Ya sea porque tienen sus propias empresas (independientes) o porque son parte de un sistema de producción virtual (teletrabajo). Estas personas prefieren pasar el día en pijamas trabajando en sus computadoras, que levantarse temprano para trasladarse a una oficina. Estas personas asumen como un fracaso de vida ser empleados, y eligen a las empresas como clientes (misma actividad, diferente perspectiva).

Por esta razón, los indicadores como la tasa de desempleo no son un número confiable para medir la productividad de un país (y que como muchos indicadores económicos, son relativos). Dentro de cada hogar puede haber alguien deprimido por no conseguir un empleo, o alguien produciendo desde su computadora. Ser joven y millonario ya no es un imposible, así como tampoco lo es llegar a los 65 años en total productividad. Una persona que sepa resolver un problema específico, puede sumarle un millón de dólares a su cuenta desde su computadora y en solo 90 minutos (no lo leí en un libro, sino que los conozco).

Es por eso que la idea de que el sistema educativo es la garantía de una mejor vida, no es del todo cierta. La mejor vida no es solo desarrollo profesional, sino también desarrollo personal. Esta última es la gran falla.

Partiendo de que nuestra mente es 50% analítica y 50% creativa, creo que es hora de darle el merecido lugar a la otra mitad. Es necesario reconciliar el arte con el análisis, la cátedra con la calle, la escuela con la educación. No se trata de hacer borrón y cuenta nueva, sino dejar de auto-flagelarnos por no ser como otros quieran que seamos. Sé leal a ti mismo y despídete de los lugares donde sabes que no encajas. Sé ambicioso e inyéctale pasión y acción a tu semilla de riqueza. Di que sí cuando quieras decir que SI, y di NO cuando quieras decir que no. Deja de vivir de la aprobación del sistema porque el sistema no sabe lidiar con desobedientes.

Si por casualidad tú o tus hijos no encajan en el sistema educativo ¿Por qué no incentivarlos a convertir sus pasiones en negocios y que la carrera universitaria sea su plan B? ¿Por qué resistirnos a fluir con los cambios que ya existen en la naturaleza de la cual somos parte? ¿Por qué aferrarte a algo que bien sabes no va contigo?... ¿Lo haces por temor a equivocarte?

Ecología: No Tienes que Saberlo Todo

Ahora que comprendes cuán importante es identificar los lugares que son para ti de aquellos en donde estás de más, entonces pasemos al segundo punto: la psicosis de aquello que no está perfecto.

Los que sobrevivimos al sistema educativo, desarrollamos una manía de querer verlo todo perfecto para poder dar el primer paso.

Luego de estar dentro de un sistema por 20 años, adquirimos el hábito de preguntarnos una y otra vez ¿Qué es lo que le falta para que quede bien? Te juro que esto es lo más paralizante, incluso si el error es solo una palabra mal escrita.

La diferencia entre el Yo Real y el Yo Ideal es abismal para muchos de nosotros, lo que hace que las frustraciones sean frecuentes e intensas. Siempre nos comparamos con alguien que no es como nosotros, y comenzamos a verlo casi como un enemigo a vencer. No contamos nuestras ideas por temor de que no las roben. Hay millones de personas con un desarrollo profesional impresionante que carecen de un mínimo de desarrollo personal (obviamente son hijos del sistema).

En cambio, todos los que han sido excluidos por el sistema educativo, aprenden el arte de la mejora continua. Saben que el error es un aprendizaje, y por ello le dan prioridad a las cosas hechas, antes que a las cosas perfectas. Aprenden con el andar, y comparten ideas con sus amigos y clientes más cercanos, para que los ayuden a pulirlas. Estas personas no necesariamente tienen el desarrollo profesional, pero siempre consiguen aprenderlo o conectar con alguien que les ayude. Saben que ante nada, son personas en desarrollo, más que individuos terminados.

Cada día veo más personas llenas de dudas, que llena de razones, para hacer las cosas. Queremos que nos pongan una alfombra roja para realizar las acciones que nos llevan a ser mejores. No importa si el mentor nos cuesta 100 dólares o 100 mil dólares, el cambio ocurre si nos comprometemos a hacerlo.

No tiene que ser perfecto, pero si iniciado. Dar el primer paso es lo más liberador que hay, porque se genera el efecto dominó que pone en acción todas las piezas con las que invisiblemente interactuamos.

Pregúntate: ¿Qué es lo que *realmente* quieres?

La gran mayoría de las personas no tienen idea clara de lo que quieren, y se pasan años y años esperando que llegue una mejor vida que no existe ni siquiera en sus mentes. Hay personas tan preocupadas en complacer, que incluso se les olvidó su propio Ser.

En el año 2003 yo creé mi propio mapa de vida. Eran figuras recortadas y pegadas sobre una superficie dura, que describían cada una de las cosas que deseaba en mi vida. Para el 2013, ya el 90% de ellas estaban realizadas, aunque diez años atrás todas parecían imposibles. Pero yo tenía claridad de lo que quería.

Y pregúntate luego: ¿Por qué *realmente* lo quieres?

Nos encanta enamorarnos de los resultados de los demás. Queremos ser física, mental y profesionalmente como los otros. Es por ello que muchos se convierten en malas copias de sus maestros, autoridades o mentores, porque no saben incorporar los elementos a quienes verdaderamente son. Y al perder la esencia, se pierde todo.

Yo escribo este libro porque estoy convencida de que la riqueza tiene que ver sobre cómo nos vemos y nos valoramos a nosotros mismos. Las personas que no se sienten valiosas o que están ansiosas de aprobación, viven de las dádivas del entorno. Me han ocurrido cosas increíbles en mi vida, en reiteradas ocasiones, que me dicen con claridad que esto es así.

Cuando tu "qué" y tu "porqué" están claros, el camino por el cual vas a transitar se va despejando, así como las herramientas que necesitas.

Recuerda, que el secreto es saber confiar en la abundancia que nos rodea cada día y valorarnos en el proceso, aunque algunos quieran sobreprotegerte.

Plaguicidas y Fertilizantes: Proteccionismo y Populismo

A mi juicio, hay dos formas de hacer infértil tus raíces. Uno te va a tratar como si fueses un bebé, y el otro te va a decir que vivir en tus limitaciones es una manera de vivir con dignidad.

De la misma manera como el sistema educativo fue mercadeado como la receta mágica para que los países salgan adelante, los sistemas políticos se han convertido en una manera muy efectiva de mantenerte donde estás. Sí, aquí hablaremos de **la política como yo la veo: la sistematización de la pobreza**.

Inicialmente, la política era la forma como los seres humanos nos agrupábamos para sentirnos seguros. Eran relaciones basadas en la protección y el cuidado de parte de un líder que era capaz de sacrificarse por los demás. A cambio de ello, los protegidos daban parte de sus ofrendas a este líder reconocido. Esas ofrendas, que llamamos votos, son las monedas con las que los pueblos pagamos a estos líderes. Toda la estructura que le da techo y comida se pagan con una segunda moneda: impuestos.

Las personas que se sienten vulnerables, siempre van a buscar quien los cuide y los defienda. Si aparece alguien dispuesto a ofrecer eso, entonces lo convierten en su líder, aunque éste sea un dictador. El político nunca se muestra como un ejecutivo, sino más bien como un padre de familia.

Es por esta razón que, mientras las empresas contratan a hombres estudiosos que irradian éxito, los ciudadanos de los países eligen hombres que sean más parecidos al promedio. El mercado al cual se "vende" un político es siempre el que se siente más vulnerable, que se reproduzca con mayor velocidad, y que sea más conforme. Es el mercado que compre más promesas y no el mercado que lo estudie y lo analice a fondo.

Una vez elegido un político, lo que sigue es más marketing que política: identificar el enemigo común, crear la imagen del padre protector que deja clara la línea entre "nosotros los buenos" y "ellos los malos". Se crean logotipos, frases y rituales que hagan a los más necesitados sentirse seguros a partir de la pertenencia. Esto no es exclusivo de un país en particular, pero en líneas generales los países con ciudadanos que no se valoran, terminan eligiendo padres imaginarios, en lugar de gobernantes responsables.

Cuando tú conoces tu semilla de riqueza y sabes cuánto vales, vas a poner la razón antes que la emoción en el terreno político.

Sabes que no eres un pobre ser vulnerable porque entiendes con claridad que, aunque estés en pleno invierno financiero, tú eres muy valioso. Eso te lleva a vivir al margen del sistema político, porque tu sentido de pertenencia no predomina en tus acciones.

Hay dádivas gubernamentales que se convierten en condicionamientos sociales. Muchos abogan por un mundo de "todo gratis", cuando en realidad en este mundo la energía es abundante, pero se transforma. Los que esperan que todo, absolutamente todo lo que reciban sea a través de dádivas, están debilitando las raíces de su riqueza. Si no actúan a tiempo, se pueden convertir en plantas parásitas que viven a expensas del sistema. Y cuando el sistema te lo da todo, estás vendiéndole el alma al diablo con los ojos cerrados.

Los sistemas proteccionistas siempre te van a tratar como el bebé al que hay que alimentar, vestir, darle una mesada y eso incluye vigilarte de noche y día. Los sistemas que confían te van a motivar para que saques adelante tus mejores herramientas, te van a forzar a salir de tu zona de comodidad, y justo esa es la zona del crecimiento. Si quieres llegar lejos, no dejes que te lleven en andadera por la vida, camina por tus propios pies.

Por otro lado, y de la misma manera, tenemos el populismo.

El populismo no es más que hacerte pensar que tú, en medio de tus necesidades y con sueños incumplidos, estás bien. Es poner de moda el conformismo, haciéndote sentir más digno que cualquiera que logre vivir una vida como la que sabes que te mereces.

Cuando todo te lo ponen justo donde estás, lo que te están haciendo ver es que no quieren que te muevas de ahí. Te quieren en ese terreno, ahí sembrado para siempre. Pareciera que te están tratando como un rey, pero lo que se están creando son barreras físicas para que no salgas de donde estás, que no veas otros entornos ni otros horizontes. No quieren que compares, sino que te acomodes por largo rato o incluso para siempre.

El populismo es un fertilizante artificial que te hace dependiente con unas raíces que no se desarrollarán por sí mismas.

Es una forma de crear lealtad ciega a cambio de comodidad. Parece que creces, pero en realidad estás en el mismo punto. Es como pintar la fachada de una casa que no tiene bases: luce bien, pero sabes que no por mucho tiempo.

Recuerda que los políticos son los que están a cargo de los países, esas líneas imaginarias con la que dividimos el planeta. Los países son una forma bonita de empacar los espacios en los que estamos presos, ya que incluso para salir de ellos, hay un proceso.

Los sistemas políticos están hechos para que estés ahí, con la esperanza de un mejor futuro que nunca llega. La cuestión es que ese futuro no te lo garantiza nadie, tanto estés a favor o en contra del político de turno. Los sistemas sociales están hechos para tener a las personas bajo control, ofreciendo relativa seguridad. Ni te dejan crecer, ni te sueltan. Todos lo que se salen del juego psicológico de la política, pueden ver en blanco y negro los límites entre la bondad y la manipulación.

Mi futuro no depende del político de turno, yo soy dueña de mi vida.

Hay mucha gente enamorada de la política, y lo respeto. Otros tienen grandes esperanzas en sus políticos, y también lo respeto. Cada quien va caminando el camino que le corresponde de acuerdo con sus creencias y valores. Siempre voy a apostar al crecimiento de las personas, a desarrollar el valor de decir "basta" cuando sientan que están divididos entre lo que piensan y lo que hacen, entre lo que sienten y lo que dicen.

Los políticos están para cuidar de los ciudadanos, y no para que los ciudadanos cuiden de los políticos. El mayordomo NO ES el dueño de la casa.

Cuando llegas a estar consciente de quién eres, de lo que vales y de lo que quieres, estás en condiciones de igualdad con el resto del mundo. Te abres a compartir y ayudar, con la certeza de que nadie te debe nada. Creas valor en el planeta a partir de tu riqueza, sin esperar que alguien "haga algo" por ti. Te haces dueño de tu futuro y no lo negocias, ni siquiera por una promesa.

Puedes convivir con los sistemas, pero no puedes permitir que los sistemas te quiten la libertad de ser quien eres. Puedes reconocer a los líderes, pero no puedes permitir que los líderes te obliguen a hacer algo que no quieres.

La Lealtad es Contigo.

Ahora que ya tienes un poco más claro lo importante que es darle a cada cosa su lugar adecuado en tu vida, entonces vamos a aprender cómo las personas que poseen riqueza material (lo que yo llamaría manifestación de la riqueza) viven, creen y actúan. Es hora de aprender a cosechar tu Semilla de Riqueza.

Resumen del Capítulo 5

- Ambición es la acción enfocada a ser mejor cada día, celebrando tus logros. Conformismo es la decisión de no vivir mejor. Avaricia es la obsesión de querer tenerlo todo sin sentir satisfacción de ningún tipo.
- Debemos sacar ventaja de los sistemas que nos hacen más productivos y eficientes. Debemos desprendernos de los que nos limitan o nos alejan de la vida que soñamos.
- Los sistemas proteccionistas nos hace dependientes. Los sistemas populistas nos hacen conformistas. El mayordomo no es el dueño de la casa. La lealtad es contigo.
-

Reflexión: Abonando mis Raíces de Riqueza

1. ¿Tienes algún talento que te da pena mostrar, o que te parece arrogante mostrarlo?
2. ¿Cuánto provecho le has sacado al sistema educativo para vivir la vida que sueñas? ¿Has invertido en aprender otras cosas que te hagan desarrollar y vivir de tus talentos?
3. ¿Alguna vez has dejado de lado tus sueños, solo para complacer a otros? ¿Crees que todavía estás a tiempo de hacer tus sueños realidad?

CAPÍTULO 6

Cosechando la Riqueza en tu Vida

El capítulo anterior fue como un terremoto para tus cimientos. En realidad no te estaba hablando a ti, sino a tu subconsciente. Cada palabra que haya resultado incómoda, estaba resonando con conceptos muy arraigados que te hacen ser y actuar de una manera específica.

Pudiera ir más al fondo, pero creo que con lo que hablamos es suficiente, por ahora. Seguramente ya algunos lectores están quemando este libro, como liberación de la "herejía literaria".

Ahora vamos a limpiar la mesa y comenzar desde cero, y si sobreviviste al capítulo 5, entonces tu pregunta seguramente es:

¿Cómo hacer las cosas diferentes en mi vida y en la de mis hijos?

En cinco letras, la respuesta es VALOR. Si esto no te dice mucho, entonces ponte cómodo, porque en este capítulo estaremos hablando acerca de la creación de riqueza, esa que surge desde adentro hacia afuera, y que te permitirá vivir la vida que sueñas.

Todo Comienza Contigo

Para descubrir tu verdadera riqueza, es necesario que te sientes y reflexiones sobre quién realmente eres. Nos cuesta mucho valorarnos porque estamos acostumbrados a mezclar valor y precio. Pensamos que nuestro valor está en el salario que nos pagan, cuando en realidad nuestro valor está en nuestra capacidad para hacer un mundo mejor. Y créeme, todos podemos lograrlo.

Pero seguramente te preguntarás:
¿Cómo descubro mi valor real?
¿Cómo hago para que mis hijos descubran su valor real?

Lo primero es hacer una lista de **las cosas que ya tienes**, comenzando por ti como ser biológico. He aquí un ejemplo:

- Puedes ver las letras de este texto => Riqueza Visual
- Puedes respirar de manera natural => Riqueza Pulmonar
- Puedes pasar las páginas de este libro => Riqueza Manual
- Puedes caminar hasta la cocina => Riqueza Peatonal
- Puedes pensar con claridad => Riqueza Mental

Estas son cosas que asumimos todos los días, sin darnos cuenta que es la base fundamental de todo lo que queramos lograr. Tener salud es algo de lo que solo somos capaces de valorar cuando la enfermedad nos lo recuerda.

Lo segundo que vamos a hacer es una lista de las **capacidades y talentos que tenemos** o desarrollamos, de manera formal o informal:

- Puedes leer y escribir => Riqueza Alfabeta
- Puedes sumar y restar => Riqueza Matemática
- Puedes cantar bajo la ducha => Riqueza Musical
- Completaste la escuela => Riqueza Escolar
- Haz leído libros que te inspiran => Riqueza Literaria

Hay personas muy talentosas que se deprimen ante cualquier error que cometen. Hay personas con muchísimos conocimientos que se sienten fracasados porque algo se les dificulta aprender. Hay gente tan obsesiva en desarrollar cientos de talentos, que terminan sabiendo mucho y aplicando poco (hasta hace unos años, yo pertenecía a este grupo).

Lo tercero es una lista de suministros básicos que te proporcionan **calidad de vida**, pero que hace 150 años no existían:

- Tienes iluminación en las noches => Riqueza Lumínica
- Tienes un sol radiante todos los días => Riqueza Solar
- Puedes llegar lejos en bus => Riqueza Urbana
- Tienes acceso a internet => Riqueza Digital

Aquí vas a colocar incluso las cosas más obvias que vengan a tu mente. El ejemplo del sol para mí es clave, porque al mudarme de Venezuela para Bélgica, descubrí que hay países que realmente no tienen tanto sol, y sin embargo valoran cada rayo de sol que sale en verano. No dejes de escribir lo obvio, porque tal vez no lo sea.

Lo cuarto es hacer una lista de **tus logros personales y experiencias** que has tenido desde muy pequeño, pero que has dejado de lado o ni siquiera los nombras:

- Ganaste una medalla en una disciplina deportiva
- Formaste parte de un coro o un grupo de baile
- Obtuviste una beca para una actividad que te gusta
- Ganaste un premio en un concurso de tu hobby favorito
- Hiciste ese viaje que parecía imposible al principio

Nadie nos ha enseñado a llevar una pizarra de logros, y probablemente esta sea una técnica poderosa que te permita recordar cuán valioso eres, sobre todo cuando algo no salió como deseabas. Incluso como padres, es importante crear una pizarra de logros (o el rincón de los logros) para nuestros hijos, que les sirva para recordar la riqueza que tienen, para que construyan un auto concepto sano y coherente.

La quinta lista pertenece a **las maravillosas personas que has conocido** hasta ahora, y que te han llenado la vida de aprendizajes y lecciones. Es importante incluir a todos aquellos con los que tienes relaciones negativas, pues ellos son parte de tus maestros:

- Esa mujer maravillosa que te trajo a la vida
- Ese hombre especial que te enseñó disciplina
- Los compañeros con los que creciste
- Ese amiguito con el que peleabas en el colegio
- Ese colega del trabajo que te enseñó la paciencia
- Esa persona que te enseñó con su ejemplo
- Ese jefe que te pulió como un diamante
- Ese amigo que estuvo cuando más lo necesitaste
- Ese otro amigo que no estuvo, y que te enseñó a resolver

Es bueno que coloques nombres y aprendizajes. Eso te va a ayudar a recordar de qué estás hecho y además te va a dar una imagen clara de lo que has crecido en esta existencia. Si cada experiencia fuera un libro ¿Cuántos libros escribirías? Seguro tantos como Paulo Coelho. En ti hay tanto que ofrecer, que probablemente no te alcance la vida para contarlo todo. Estás lleno de vida y experiencias, posees Riqueza Experiencial.

La sexta y última lista pertenece a las **cosas materiales que el dinero ha traído a tu vida** o la de tus hijos. Esta es la más fácil de hacer, pero verás que hay cosas que no has valorado tanto como crees:

- Lo que hiciste con tu primer salario ¿Cuánto te pagaron?
- Tu primer vehículo ¿Cuánto te costó? ¿Cuánto disfrutaste?
- Tu primera casa ¿Cuánto te costó? ¿Qué recuerdas de ella?
- La ropa que vistes actualmente ¿Cuánto te costó?
- El televisor que disfrutas todas las noches ¿Cuánto te costó?
- El teléfono inteligente que cargas contigo ¿Cuánto te costó?

Una parte interesante al responder la pregunta ¿Cuánto te costó? Es que hay cosas que ni siquiera recuerdas el precio, pero recuerdas claramente las experiencias vividas cuando lo tuviste por primera vez. Mientras más te haya costado conseguirlo, más lo vas a recordar. Esa es la diferencia entre el valor y el precio.

Te voy a contar mi experiencia relacionada con esta última sección:

Cuando tenía 11 años, quería una edición especial de las muñecas Barbie, que se llamaba Familia Corazón. En ese entonces, mi mamá no tenía dinero para comprármela, y de verdad que yo la quería tener. El precio era el equivalente a 29 dólares, y representaba mucho dinero para mí. Luego de reunir dinero entre mis familiares y de hacer varios trabajos, pude comprarlo. La valoro tanto, que sigue intacta la Familia Corazón, en su caja. Nunca jugué con ella, por temor a dañar algo que para mí era muy valioso.

En realidad no espero que los padres cohíban a sus hijos de tener juguetes, pero en mi experiencia de niña, valoro y cuido más aquellas cosas que más me han costado tener. Seguramente a ti te ha pasado lo mismo, con la compra de tu casa o de tu automóvil.

El problema es que muchos padres han trabajado muy duro para darle a manos llenas a sus hijos, pero lo que nunca les han enseñado es a darle VALOR a lo que reciben. Al crecer, se convierten en adultos que tienen mucho, pero no saben valorar nada.

El valor no está en el precio ni en las posesiones, sino en la experiencia de obtener lo que soñamos. Hay muchísimas cosas que tenemos, pero al no concientizarlas no las valoramos. Muchos de nosotros somos valiosos, pero al no hacernos conscientes de ello, caemos en el error de vendernos al mejor postor.

Todas estas listas de auto-valoración las he aprendido con el tiempo, sobre todo cuando he estado en recesión financiera, ya sea porque esté haciendo una alta inversión, o porque he tomado decisiones erradas que me han dejado con muy poco dinero en mi bolsillo.

Antes de salir corriendo detrás de lo que quieres, debes tomarte un minuto en el día, respirar profundo y hacerte consciente de lo que ya tienes. Eso te bajará la presión y te permitirá conseguir las cosas con mayor fluidez.

El Secreto de la Riqueza

En mis años de niñez, siempre me preguntaba cómo vivían los que más dinero generaban. ¿Eran personas muy serias que estaban todo el día detrás de una oficina? ¿Eran arrogantes que humillaban a todos a su alrededor? ¿Eran despilfarradores que pasaban el día de fiesta?

Lo único que sabía, era que la televisión no mostraba la realidad, porque la tele solo muestra estereotipos (que son formas generalizadas de ver un caso individual, y nos facilita la comprensión).

Aquí te voy a contar algunas de las características de las personas que conocen, materializan y multiplican su riqueza interior, a quienes llamo con total consciencia "Ricos":

Los Ricos Crean sus Días

Los primeros 30 minutos predicen en gran medida lo que suceda en el resto de tu día. Es necesario tener ritmos de sueños que te permitan levantarte de manera natural y no con alarmas.

Las alarmas te sacan de manera abrupta de tu ciclo de sueño, llevando tu cuerpo del reposo total a la exaltación. Está bien que suceda de vez en cuando, pero iniciar todos los días con estrés no es una manera normal ni natural.

Una vez que te despiertas, toma 5 minutos para crear una historia clara en tu mente acerca de cómo va a ser tu día, comenzando agradecido por amanecer vivo, visualizando las cosas que quieres que sucedan y anticipando las emociones positivas que vas a experimentar.

Mi amigo Jesús Reggeti, Maestro en Yoga de la Risa y Líder del Movimiento Venezuela Riendo, recomienda reír conscientemente mínimo durante 5 minutos al levantarte. Otros lo hacen escuchando su música favorita o bailando, y hay quienes inician en total meditación y conexión consigo mismos.

Cualquiera sea tu nivel de energía o tu personalidad, lo importante es que comiences con un ritual que te recuerde que tú eres el creador de tu día.

Los Ricos Dan Más Valor

Cuando entiendes que el valor es aquello que solo proviene de ti, y que es la mezcla de tus capacidades, talentos, vivencias y experiencias, te conviertes en una fuente inagotable de valor para otros. Llegas a ser un dador natural y alegre.

Cuando Mark Zuckerberg decidió crear Facebook, lo hizo combinando sus estudios de psicología con su talento por la tecnología. Cuando la Madre Teresa de Calcuta decidió crear la orden de las Misioneras de la Caridad, lo hizo combinando sus dones espirituales con su experiencia de acompañar a un moribundo abandonado, en su último aliento de vida.

Las ideas que crecen y se convierten en algo valioso, lo hacen a partir de lo que dan, no de lo que reciben. El valor es ese gran problema que eres capaz de resolver a otros, es la ayuda que ofreces en un momento determinado o la manera particular de facilitarle la vida a los demás.

Para quienes quieren emprender, lo primero a lo que deben crear es una "propuesta de valor", que no es más que todo lo que te indiqué en el párrafo anterior. Quienes crean cambios poderosos en su entorno, son ricos. Para lograr riqueza, debes ser capaz de crear valor en la vida de los otros.

Los Ricos Saben Recibir

Junto con la capacidad de crear valor, la riqueza incluye la capacidad para recibir recursos. Estos recursos se convierten en el oxígeno que te permite seguir ofreciendo valor. Los recursos que recibes te hacen sostenible a través del tiempo.

Hay grandes sueños que no llegan a ningún lado, porque sus creadores se sienten culpables de recibir recursos. Fueron excelentes ideas que nunca florecieron.

¿Podría una planta florecer en primavera, si se negase a recibir agua y nutrientes? Posiblemente no.

Saber recibir es tan importante como saber dar. Crear sistemas de ayuda y valor a otros, es tan importante como crear sistemas de recepción de recursos. A mi juicio, lo que recibimos no es más que la materialización del agradecimiento que otros tienen por el valor que les damos.

Muchos se niegan a recibir, porque dicen que no lo necesitan. Eso quiere decir que su capacidad de recibir está limitada por la necesidad, y no por el agradecimiento que otros tengan de lo que le dan. Sería como comer solamente cuando sientes hambre, y sabes muy bien lo que tu cuerpo experimenta cuando te sientes hambriento.

La reciprocidad es parte de la armonía de la vida, y por ello debes abrirte a recibir lo que los demás quieran ofrecerte, siempre y cuando lo ofrezcan desde el corazón. Hay personas que te van a ofrecer su tiempo, otros te van a ofrecer sus habilidades, otros te van a ofrecer sus redes de contacto. Otras personas tendrán prisa y, al no saber qué darte a cambio, lo único que harán es bendecirte con su dinero.

Recibir dinero es la manera como otros nos valoran y agradecen por el valor que creamos en sus vidas. Hay personas que no saben dar valor porque sencillamente no se sienten valiosas.

Cuando no tienes claro el valor que das, lo más probable es que les pongas precios muy bajos a todo lo que ofreces. Hay otros que caen en el error de pensar que el precio es un indicativo de calidad, y caen en la avaricia de pedir mucho dinero por algo que dan sin valor alguno. Estas dos formas desbalanceadas de manejar los recursos, son los que te cierran los canales para recibir correctamente: con amor.

Otra cosa importante que debes saber, es que recibirás en la medida que otros valoren lo que haces. Conozco personas que deciden no aceptar el valor que ofreces, porque lo que estás abierto a recibir es muy poco. Otros valoran lo que ofreces, pero no tanto como para darte su dinero a cambio.

En tu caso, que quieres crear una vida de riqueza, la norma a seguir es: dar con amor el doble de lo que recibes.

Entre las cosas que he vivido, está el hecho de no cobrarle a nadie luego de prestar un servicio. Ya sea en la universidad, en el mundo corporativo o asesorando a personas, establezco el precio de mi hora de tiempo en función al valor que les entrego, y me olvido de la cobranza. Siempre las personas vienen a mí a pagarme, agradecidas por la ayuda que les ofrezco. Hasta ahora no recuerdo haberle escrito a nadie para que me pague, porque estoy rodeada de personas responsables de su dinero y agradecidas por el cambio que creo en sus vidas.

Los Ricos son Altruistas

Anteriormente vimos la importancia de dar y estar abierto a recibir, mientras que aquí vamos a hablar acerca de dar sin esperar nada a cambio. En ambos casos, estás dando desde el amor.

Hay muchas personas que definitivamente están en desventaja, porque no solo carecen de dinero, sino que desconocen su valor personal. Este tipo de personas necesitan de nuestra ayuda, y su bienestar se convierte en nuestro bienestar.

Recuerda que no solo tienes dinero, sino que tienes talentos, experiencias y tiempo. Hay personas que no necesitan de nuestro dinero, pero una conversación de 5 minutos puede hacer la diferencia en sus vidas. Eso también es altruismo.

Esto no lo estoy sacando de ningún libro religioso (aunque sé que debes estarlo relacionando con el libro sagrado de la religión que profesas), sino que ha sido probado por la ciencia: nuestro bienestar emocional y nuestro valor personal está relacionado con el bienestar que creamos en la vida de los demás. La sensación de felicidad tiene que ver con nuestro sentido de utilidad en el mundo.

Algo importante a resaltar en esto, es el juego del ego en el altruismo. Damos desde el ego, cuando donamos esperando algo a cambio. Es por ello que aquí hablamos de dar sin esperar nada a cambio, puesto que hay muchas personas que pueden caer en el mercado del agradecimiento.

El mercado del agradecimiento es cuando el ego utiliza el principio de la reciprocidad como mecanismo de control a otros. Hay personas que dan desde el corazón, pero que inmediatamente se convierten en mendigos del agradecimiento. Si no les agradeces, se convierten en tus enemigos. No dieron sin esperar nada a cambio, sino con una clara idea de lo que querían recibir.

A mi juicio, no hay personas desagradecidas sino, por el contrario, personas que esperan el agradecimiento del que están ayudando.

En mi caso personal, he sabido identificar claramente los altruistas de los compradores de agradecimientos. Los primeros siguen teniendo una excelente relación conmigo, mientras los segundos han cortado relación. No hay nada más incómodo que seguir acumulando deudas con los acumuladores de agradecimiento.

Altruismo significa dar y soltar. Es un acto de amor en sí mismo. Queda de parte de quien lo recibe aprovecharlo y/o agradecerlo, pero la falta de estos no afecta tu relación con el receptor.

Por otro lado está la responsabilidad social. Es la manera como las personas o las entidades ayudan a otros de manera formal, con la esperanza de ser reconocidos en la sociedad, como altruistas. Muchas empresas o personas dan porque se ven obligadas a hacerlo, pero no porque desean hacerlo.

En todo caso, lo importante de dar sin esperar nada a cambio, está justamente en el "sin esperar nada a cambio". Ese nivel de vibración interna es lo que se conecta con tu riqueza, que más tarde, cuando menos lo esperas, se materializa de forma maravillosa.

Los Ricos son Responsables

La responsabilidad es la capacidad de responder ante determinadas situaciones. Por ello, nunca vas a conseguir ricos que se vean a sí mismos como víctimas. Los ricos son co-creadores, por ello siempre están atentos a sus decisiones y reacciones ante lo que sucede en el entorno.

Saben que los cambios ocurren y que deben identificarlos con anticipación. Entienden que los noticieros solo hablan de algo que ellos ya han previsto. Viven preparados, no paranoicos. Sobreviven ante cualquier crisis de la misma manera como los animales pueden percibir desastres naturales y moverse hacia sitios seguros.

Los que viven en la riqueza saben que la responsabilidad es la única vía para vivir en libertad. Es por ello que cada decisión está basada en el impacto futuro de su propia vida. No están sentados esperando que otro resuelva por ellos. Saben que pedir ayuda es parte de la responsabilidad, por eso saben escoger a sus asesores, a sus mentores, a sus socios y a su equipo de apoyo.

Algo que he entendido claramente de las personas que poseen riqueza, es el manejo de sus emociones. Aprenden a conectarse muy bien con sus emociones, y a identificar lo que les falta, lo que los desbalancea y lo que los afecta. La inversión en desarrollo personal en quienes conocen su riqueza, es incalculable. Se cuidan a sí mismos más que a nadie. Se preparan para ser receptores y multiplicadores. Finalmente, los ricos son responsables de su dinero. Al haber coherencia entre lo que dicen, hacen y sienten, comprenden que el dinero recibido y entregado con amor es lo que crea riqueza. La honra a esta energía de amor, es a través del cuidado. Cuidan el dinero de la misma manera como tú cuidarías las rosas que tu amado te daría. No te enamoras de las rosas, sino de quien te las entregó. Sabes que las rosas son transitorias, pero el amor sigue intacto. Los ricos saben cuándo recibir y cuándo desprenderse del dinero.

La Riqueza es una Filosofía de Vida

Para los que viven en riqueza, el dinero es una consecuencia del amor. La esencia de la riqueza está en el ejercicio de la creación.

La Riqueza no es una circunstancia, sino una filosofía de vida.

Pero seguramente hasta ahora, tu imagen de esa persona llena de riqueza sigue sin coincidir con lo que yo te estoy describiendo. Si es así, es necesario que pares y te preguntes si tu concepto de riqueza sigue limitada por lo que el entorno, la televisión o tus experiencias te han mostrado. Ante cualquier caso debes preguntarte si estás sembrando una imagen de riqueza que sea coherente para lo que deseas cosechar en tu vida.

Solamente cuando hayas aclarado tus conceptos, podrás entrar al siguiente capítulo, donde te contaré acerca de la riqueza que veo y con la que sueño en este mundo.

Resumen del Capítulo 6

- El secreto de la riqueza está en crearnos una vida valiosa y compartirla con otros, mejorando también sus vidas.
- Para cosechar una vida de riqueza, debemos saber ofrecer valor a los demás, vivir con responsabilidad financiera y saber recibir lo que otros nos dan con agradecimiento.
- La riqueza no es una circunstancia, sino una filosofía de vida que se materializa de infinitas maneras (incluyendo el dinero).
-

Reflexión: Cosechando Riqueza en Mi Vida

1. ¿Hay algún cambio acerca de tu idea con respecto a la creación de riqueza y la vida de los ricos? ¿Crees que puedes ser rico o vivir en riqueza?
2. ¿Te consideras una persona valiosa? ¿Consideras que tienes talentos y experiencias que puedan enriquecer la vida de otros?
3. ¿Cuáles de todos tus talentos, conocimientos y experiencias te gustarían que fueran bendecidos por otros, a través de su dinero?

CAPÍTULO 7

Por un Mundo Más Verde para Todos

Muchas personas van detrás de la independencia financiera. Personalmente, pienso que eso es libertinaje, porque quienes venden esa idea te hacen imaginar yates, viajes por el mundo, fiestas en grandes mansiones y un gran despilfarro de dinero. Es una actitud que habla de la inmadurez que muchos tienen en su relación con la riqueza.

En lugar de independencia, yo hablaría de responsabilidad financiera, porque solo quienes saben ser responsables con sus vidas y con sus riquezas, llegan a ser libres. La responsabilidad implica el uso consciente del dinero, una consciencia de un futuro mejor para ti, para tus hijos, para tu comunidad y para los demás seres con los que compartimos este planeta.

En este capítulo, que puede ser una despedida o un inicio, quiero compartir contigo mis ideales acerca del mundo verde con el que sueño, ese que está basado desde la abundancia de lo que ya existe, y desde el poder creador que está dentro de cada uno de nosotros fluidez.

Conectándonos con el Dinero desde el Amor

Muchos libros profesan que el amor al dinero es la raíz de todos los males. El problema es que los seres humanos tenemos muy poca experiencia en lo que implica el amor en nuestras vidas. De hecho, confundimos enamoramiento, romanticismo y amor.

Las relaciones románticas son idealizaciones de circunstancias donde el amor de pareja se manifiesta de forma puntual. Pero no puedes pensar que vas a vivir los 365 días del año en romanticismo, porque entrarías en el aburrimiento con rapidez.

Lo mismo pasa con el dinero. No puedes pensar de manera romántica con el dinero, creyendo que vas a pasar las 24 horas del día en un yate, metido en una piscina tomando piña colada o conduciendo un Ferrari en Miami Beach. En menos de lo que te imagines, te vas a aburrir y te vas a sentir horrendamente vacío. Además, ¿Cuánto dinero crees que vas a necesitar para poder mantener ese estilo de vida?

Mucha gente se deja llevar por el delirio de los negocios que prometen generar ingresos "mientras duermes". Pero lo que nunca te dicen es que, para lograrlo, vas a pasar muchas noches sin dormir: unas trabajando incansablemente, y otras con la preocupación de que te quedaste sin dinero. Puedes tener tiempo para disfrutar el dinero, pero probablemente siempre sea más el tiempo que dediques a trabajar para obtenerlo.

Por otro lado, está el enamoramiento. Esto es un tema biológico, más que psicológico, ya que es una trampa de la naturaleza para asegurar la continuidad de la especie. A diferencia del romanticismo, el enamoramiento es solo inicial, y esto implica estar en un ritmo energético alto de forma constante, pero que no dura más de 2 años.

El enamoramiento continuo con el dinero es una de las situaciones más peligrosas que un ser humano puede vivir, porque desata pasiones y altera los sentidos de forma brusca. La principal característica del enamoramiento es la atención casi obsesiva: piensas en ello todo el tiempo, centras tu vida en función de ello y haces lo que sea por retenerlo a tu lado.

Enamorarte de tu dinero es ponerte el cuchillo en la garganta, ya que vas a filtrar todo lo que hay a tu alrededor a través del dinero, por lo que es posible que no puedas ver otras cosas que son muy valiosas, pero que no están relacionadas con el dinero. Un enamorado del dinero puede tener una o varias de estas características: avaricia, ansiedad, dependencia, arrogancia o está siempre pendiente de sacarle provecho a todo y a todos, incluso puede robar sin sentir un mínimo de remordimiento.

Para establecer una relación amorosa con el dinero, primero debemos asegurarnos que entendemos con claridad el concepto del amor.

Mis referencias más cercanas para entender lo que es amor, son el psicoanalista Erick Fromm y el líder indio Osho.

Del primero, en su obra "El Arte de Amar", habla con claridad de las teorías del amor, llegando a identificar en sus categorías el amor maduro. Fromm concibe el amor maduro, como aquel que manifiesta el cuidado, la responsabilidad, el respeto y el conocimiento.

Del segundo, en su libro "Aprender a Amar", nos dice que el amor es aquel que se siente lleno y satisfecho con la sola existencia del otro, con quien comparte lo que es, pero sin deseos de poseerlo. La esencia está en la capacidad de convivir y disfrutar, sin apegos.

Estos dos conceptos me dan el espacio para definir la relación amorosa con el dinero como aquella donde valoro, cuido, disfruto, respeto y conozco al dinero como un amigo cercano, con responsabilidad y sin apegos. Es el espejo que me permite ver cuánto me valoro, valoro a los demás y al mundo que nos rodea, bajo un contexto cuantificable.

Lo contrario al amor, es el miedo. Una relación con el dinero basada en miedos está llena de desconfianza, de escasez, de angustia, de pensamientos negativos, de rechazo o de apego irracional, de sentir que hasta el aire falta si no está presente el dinero pero a la vez sentir que está mal necesitarlo. Tristemente, hay más personas conectadas con el dinero desde el miedo, y no desde el amor.

Para crear una relación amorosa con el dinero, es necesario que imprimas esta misma energía a tus actividades productivas.

El Trabajo Como Ayuda

Durante varios años viví una relación tormentosa en mi vida laboral. Este tipo de situaciones hacen que incluso tus días comiencen en negativo. Es la convivencia con algo que no quieres, pero lo toleras. Es como un matrimonio obligado por dinero. Cuando vives así, no estás muy lejos de la prostitución: tienes el cuerpo ahí, pero los pensamientos están en otro lugar.

Hasta hace unos 15-20 años, esa era la forma normal de vivir el mundo laboral. Ya hoy hemos avanzado hacia maneras más conectadas de vivir el trabajo. ¡Y el futuro es mucho más prometedor!

En primer lugar están los empleados, quienes poco a poco van gozando de cada vez más oportunidades para trabajar en lo que aman, en entornos que son más divertidos. Empresas como Google, Facebook, Zappos, Open English y MindValley son un ejemplo de ello. En la actualidad, el área de recursos humanos de las empresas ya no hablan de motivación sino de entusiasmo, y prácticas como la meditación o Yoga de la Risa son excelentes rituales para enfocarnos en un día productivo. En algunas empresas, incluso ya reconocen la importancia de la positividad en el entorno laboral, y la llaman salario emocional.

En segundo lugar, están los desempleados, quienes están descubriendo en la crisis que hay otras formas de generar ingresos sin depender de un externo que les garantice el salario. El emprendimiento se ha convertido en una manera segura de hacerse cargos de sí mismos, en un sistema que ya no tiene espacio para tantos profesionales y especialistas.

El tercer lugar, es el de los que denomino *inempleables*, quienes están aprendiendo que el mundo necesita de eso que ellos saben hacer, y que además lo hacen con amor, desde casa. La pasión por hacer nuestros propios accesorios ha traído de vuelta el oficio como una forma rentable de vivir. Plataformas especializadas como Etsy[9], nos dicen claramente que podemos vivir de lo que amamos, y que el sistema educativo puede ser un buen plan B.

Junto con esto, está la democratización de la educación y la creación de currículos auto-diseñados. Plataformas como Coursera[10] y Udemy[11] me han permitido obtener información específica directo desde los expertos del área, sin tener que salir de casa ni pagar por una costosa carrera.

Y para los que están aún sentados esperando a ver cómo convierten sus negocios en realidad, tienen a su disposición modelos de financiamiento como crowdsourcing, donde las personas votan por tu idea, e incluso pueden financiarlo con su propio dinero. ¿No es ésta una maravillosa forma de que otros bendigan tu idea de negocio?

---

[9] Etsy es la primera plataforma de venta de productos artesanales y hechos a mano a nivel mundial. www.etsy.com

[10] Coursera es una plataforma gratuita de auto-aprendizaje, que reúne el mejor contenido de grandes universidades a nivel mundial. www.coursera.com

[11] Udemy es una plataforma que reúne cursos de consumo bajo demanda, creado por personas que dominan dicha área. www.udemy.com

El secreto de todo esto está en producir desde el amor. Parafraseando las ideas expresadas por Guy Kawasaki en su libro "El Arte de Empezar 2.0", donde aclara que hacer las cosas por dinero no va a tener el mismo impacto de un mundo mejor, que cuando lo hacemos desde el corazón. Donde hay amor y valor, el dinero es la consecuencia.

Conoce Tus Sombras

Es importante que, antes de recomenzar una vida armoniosa con la energía amorosa de tu dinero, te conozcas a ti mismo primero. Necesitas comprender tus propios conceptos con respecto al dinero, la riqueza, la abundancia, tu valor como persona y la comprensión hacia quien no te cae bien o que no comparte las mismas creencias que las tuyas.

El dinero es una lupa que amplifica quien realmente somos, así que asegúrate de conocer tus lados oscuros antes de que se hagan visibles. La manera de conocer quien es realmente una persona, es dándole un millón de dólares sin ningún tipo de restricciones. Solo se requiere subirle unos grados de temperatura al cuerpo y la mente, para que las caretas se caigan.

Habrá muchas oportunidades donde tendrás enormes diferencias con otras personas. Asegúrate de no utilizar el dinero como una venganza o como una manera de demostrar a otros tu valía. Créeme que no lo necesitas y a ellos no les importa. Aprende a identificar el ciclo evolutivo de cada quien, sin entrar en juicios ni en calificativos "bueno/malo". Sé coherente, transparente. Si algo no te conecta, no te gusta o sientes que no tienes cabida, despídete sin ofensas ni posturas de víctima. Si alguien decide no estar más a tu lado, déjalo ir abriéndole las puertas al mundo, despidiéndolo con amor y deseándole siempre lo mejor.

Vive desde el amor, y libera de tu vida cualquier temor, incomodidad, deseo de venganza o frustración. Recuerda que eres co-creador y para poder manifestar riqueza debes vivir con responsabilidad y cuidado.

El Dinero es una Bendición

Nuestras ideas acerca del dinero han sido, hasta ahora, completamente mentales. Hay aspectos emocionales en el dinero que sentimos pero lo callamos, y hay un aspecto espiritual/energético que todavía muchos niegan.

En las antiguas culturas celtas, el dinero era una forma de bendecir a otros, ya que lo daban como agradecimiento por lo que otros hacían por ellos. Como bien sabes, las monedas anteriormente eran de oro y plata, porque se consideraban los metales más importantes para el ser humano.

Inicialmente, las personas se ayudaban unas a las otras suministrándose productos a través del trueque. Si yo tenía trigo y tú tenías manzanas, yo podía darte una porción de trigo y tú a cambio me dabas una porción de manzana. De esta manera ambos podíamos consumir los nutrientes que nuestros cuerpos necesitaban.

Si en algún momento tú me dabas algo valioso para mí y yo no tenía manera de retribuirlo, mi forma de agradecerte era a través de piedritas de oro. El oro es una representación del sol, el astro más importante para el mantenimiento de la vida en el planeta. Quienes no tenían, daban pedacitos de plata, que era la representación de la Luna. El oro y la plata eran las bendiciones que recibían aquellos que proveían y ayudaban a los demás.

Con el tiempo, el oro se convirtió en monedas, y ayudó a simplificar la manera como nos ayudamos, sobre todo cuando tú me das algo valioso y yo no tengo como retribuirlo. El dinero se convirtió en una manera de decir "gracias" por las buenas cosas que otros hacen por nosotros.

Ahora volvamos al mundo actual, y observemos tu comportamiento con tu dinero:

¿Das las gracias cuando pagas en la tienda?

¿Entregas con amor el dinero cuando recibes un servicio?

¿Te sientes agradecido con la empresa los días de cobro?

¿Honras el trabajo de los demás y bendices sus riquezas?

Si trabajas en una tienda o un restaurante:

¿Das las gracias y sonríes cuando los clientes te pagan?

¿Bendices al cliente al entregarte parte de ese oro y esa plata que se ganan trabajando?

Hay personas que le imprimen una energía muy negativa al dinero cuando lo reciben: unos lo hacen como si se tratase de algo que les deben (víctimas) y otros lo hacen como si se tratase de algo sin lo cual no pueden vivir (avaros). Igual sabemos que cada quien está en su propio camino hacia la riqueza, así que seguimos enfocados en ti y dejamos a los demás ir a su ritmo.

Hay dos formas adicionales como yo veo el dinero:

1. Como el sistema circulatorio:

Otra forma de ver **el dinero es como los glóbulos de la sangre de la riqueza**. Cada vez que la sangre llega a una parte de nuestro cuerpo, es una clara señal de que estamos vivos. La sangre tiene su propio ciclo, llamado sistema circulatorio. El dinero tiene su propio ciclo, llamado circulante.

2. Como el sistema respiratorio:

La sangre entrega oxígeno al organismo y recoge dióxido de carbono (CO_2). Es decir, que nuestro cuerpo transforma los elementos del entorno y los convierte en algo que alguien más necesita. ¿Y quién es ese "alguien"? ¡Las plantas! Cada vez que exhalamos, estamos siendo co-creadores del ecosistema. A su vez, las plantas reciben el CO_2 y lo convierten en oxígeno. De la misma manera, todos estamos conectados en el ecosistema financiero, porque **la armonía está en el flujo de dar y recibir**.

¿Te imaginas un entorno donde tú seas quien dé a manos llenas siempre, y consideres que no es importante recibir?

Hagamos un ejercicio para que comprendas esta idea:

Llena tus pulmones de oxígeno, inhalando profundamente.

Ahora exhala. Sigue exhalando.

Sigue exhalando sin inhalar ni un segundo.

Aunque te quedes con los pulmones vacíos, sigue exhalando.....

¿Cuántos segundos puedes estar constantemente exhalando? Seguramente muy pocos segundos, porque te quedarás vacío, sin poder respirar.

De la misma manera sucede cuando quieres dar a manos llenas pero no apredes a recibir, con la idea de que "no lo necesitas". Por eso, primero asegúrate de ver cómo vas a obtener los recursos con los que vas a ayudar a las demás personas. Esto lo tienen claro todos los grandes altruistas, comenzando por la Madre Teresa de Calcuta, quien manejaba donaciones millonarias y los recibía con agradecimiento.

Ya sea que lo veas como un sistema circulatorio o como un sistema respiratorio, la clave es saber dar y saber recibir. Cada vez que sale de tu bolsillo una moneda, estás enriqueciendo la vida de alguien, bendiciéndolo con tu dinero. Es por ello que debes ser consciente de lo que haces con él a cada instante. Se trata de desarrollar Consciencia Financiera.

Al entender que bendecimos a otros con nuestro dinero, la pregunta inmediata que nos hacemos es ¿en qué estoy utilizando mi dinero? Hay muchas industrias que reciben nuestro dinero, que causan mucho sufrimiento en el mundo y que ni siquiera somos conscientes de ello. Somos co-creadores de sufrimiento y ni siquiera nos damos cuenta.

Cada Vida Cuenta

Vivimos en un mundo maravilloso y abundante, del cual no solo no nos damos cuenta, sino contra el que muchas veces atentamos.

Y tú me dirás: ¡Hey, pero yo no le hago daño a nadie!

A lo mejor tú no, pero no descarto que tu dinero lo haga.

Hay una frase que dice: "ojos que no ven, corazón que no siente"

Esta frase la usan muchos enamorados para justificar infidelidades, pero su aplicación va mucho más allá. En el mundo del sicariato, por ejemplo, las personas ofrecen dinero a un tercero para que mate a otra persona en su nombre. Es decir, aunque no le está quitando la vida con sus propias manos, le está pagando a un asesino para que haga el trabajo por él. Son copartícipes del asesinato.

De esa misma manera, muchas industrias son, a mi juicio, un sicariato sofisticado. Cuando analizamos los millones de vacas, pollos, cerdos y demás animales que son maltratados, asesinados, y descuartizados, nos damos cuenta que somos co-creadores de un sistema que imprime mucho sufrimiento en el mundo, a especies inocentes. Todo esto sucede porque nuestro dinero es el que mantiene estas industrias.

Sí, esta sección va a ser la más dura e incómoda, porque se enfrenta a ciertas "verdades absolutas", de la misma manera como Cristóbal Colón era considerado un loco, al hablar de la redondez de la tierra. Pero, como dice mi amigo Ronald Altuve en su libro "Nunca es Tarde para Pensar Distinto".

Los seres humanos solo nos limitamos a valorar aquello que logramos humanizar, desde los conceptos de humanidad o trato humano, pasando por imaginar a Dios como un humano y terminando por poner nombres a nuestras mascotas; siempre pensamos que todo lo que se parece a nuestra especie es valioso, y lo que no lo sea, lo amoldamos a nuestra especie para sentir que es valioso. Eso es un fenómeno psicológico llamado "la víctima identificable" y es lo que explica que no nos importen 2000 muertos en África, pero nos indigne la muerte de un periodista en Francia.

Quienes tenemos mascotas, solemos decir: "solo falta que hable" cuando ya comenzamos a entendernos perfectamente con ellas. Nos cuesta mucho concientizar que cada especie en este planeta tiene su propia riqueza específica de la especie a la que pertenece. Crecemos en una cultura que nos desconecta de las demás especies, aunque nacemos conectados con el todo. La fascinación de los niños por los animales es una clara señal de ello.

La sociedad nos ha desconectado de las demás especies con las que compartimos el planeta, de la misma manera como los nazis desconectaron a los "arios" de los judíos. Perdimos la compasión para vivir a merced de la razón.

Hay evidencias científicas claras que demuestran que, para hacer daño a alguien sin remordimientos, el primer paso es separar desde la mente, progresivamente, hasta que llegue al alma.

Es así, que la gran mayoría de los seres humanos vivimos desconectados de las demás especies con las que compartimos el planeta. Aunque tú digas "yo no", eres parte de los que no nos duele el sufrimiento de estas especies. He aquí un ejemplo de las maneras como atentamos contra los más inocentes, con nuestro dinero:

- Industria peletera: prefieres lucir un abrigo cuya piel fue arrancada en carne viva a un animal inocente, antes de utilizar un sintético que realiza la misma función de cubrirte del frío.

- Industria del cuero: prefieres lucir zapatos hechos con trozos de una vaca que fue sometida, humillada y maltratada hasta morir, en lugar de caminar un poco más y comprar algo más digno.

- Industria Láctea: prefieres tomarte la leche de una madre a quien le fue arrancado su hijo recién nacido, en lugar de tomar leche de avena, soya, coco o arroz.

- Industria Gastronómica: pagas para que un animal sea forzado a consumir químicos toda su vida, los cuales terminaron por explotarle el hígado, y cuyo hígado enfermo luego te comes bajo el nombre de foie gras en ese restaurant gourmet.

- Granjas de Mascotas: compras un perrito recién nacido en una tienda, solo porque alguien te dijo que una raza es mejor que el perrito mixto que vive en la calle. ¿Te produce algún estatus social decir que tienes un perro de raza? Lo que muchos no saben, es que las razas son creaciones humanas de la época victoriana, y que muchos son deformaciones genéticas. Yo misma hice un estudio financiero en Venezuela, y demostré que con el dinero que se compra un perro de raza, se pueden rescatar y recuperar 17 perritos callejeros.

- Sacrificio de Animales: crees en una espiritualidad donde debes pagar para que un animal inocente sea degollado. ¿Crees que bañarte con su sangre te va a dar suerte? ¿Acaso no es más fácil aprender a hacerte responsable de tu destino y dejar de pensar que otros tienen que hacerse cargo de ti?

- Circos con Animales: seguro que la trata de personas te parece una atrocidad, pero más de una vez has pagado para llevar a tus hijos al circo. En los circos secuestran animales y los obligan a hacer cosas que son antinaturales para sus cuerpos, a fuerza de golpes, heridas y falta de comida. Los animales no están en el mundo para divertir a tus hijos, sino para que tus hijos los respeten y valoren.

Muchos de nosotros pagamos con nuestro dinero las más grandes atrocidades que se cometen en el planeta, y todo porque no sabemos valorar nuestra vida, por ende tampoco la de los demás. Estamos desconectados no solo de nosotros mismos, sino de todos aquellos con los que compartimos este hotel 5 estrellas llamado planeta tierra. **Cada Vida Cuenta**, y aquí no hay excepciones.

Aprendiendo del Dalai Lama, entiendo que el nivel máximo de desarrollo personal, es cuando dejamos de hacerlo personal y lo convertimos en compasión con el resto del mundo, sea la especie que sea. **Cada Vida Cuenta**. Cada uno de nosotros somos una expresión de la perfección, la riqueza y la abundancia del mundo.

Ahora tú me dirás que para que tú puedas vivir, los demás animales deben morir. No juzgo a los animales que comen otros animales, pero creo que puedo juzgar a los racionales que utilizan la razón para crear excusas, en lugar de motivos.

El camino más fácil para nosotros siempre es buscar información que valide nuestro punto de vista (fenómeno psicológico conocido como Tendencia Confirmatoria). Nos cuesta mucho salir de nuestra zona de conocimiento, y nos da pereza buscar información que valide la opinión contraria. Somos como avestruces, con la cabeza enterrada en nuestro propio mundo, quejándonos y a la vez renuentes a mejorar a partir de las buenas cosas que hacen los demás.

A menos que me digas que puedes matar con tus propias manos el animal que te vas a comer, o que puedes visitar un matadero y no vas a sentir ningún remordimiento, entonces podré entender tu punto de vista. Del resto, el acto de ir al supermercado a comprar bandejas con cadáveres descuartizados de seres que sufrieron toda su vida, es un vulgar sicariato socialmente aceptado.

Para mí, conciencia financiera implica bendecir el trabajo de quienes contribuyen a hacer de este mundo un mejor lugar para todas las especies que en él vivimos. Es verificar muy bien en qué estoy utilizando mi dinero, porque comprendo el poder que éste tiene en cada vida que toca. Es crear un mundo más verde para todos, donde armonicen la riqueza material con la espiritual.

Que tu comodidad no implique el sufrimiento de otros. Honra la vida con tu dinero, porque **Cada Vida Cuenta.**

Creo en la Armonía Financiera

En este viaje fuimos desde el cielo hasta el infierno, desde el amor hasta los miedos, desde las costumbres hasta el escándalo.

Quienes me conocen saben que no soy una persona cómoda, porque mi interés en la vida no es ser buena, sino feliz. Las personas buenas son muy cómodas para la sociedad, y todo el mundo les quiere, aunque pocas sean felices. En cambio, las personas felices se valoran a sí mismos, son horrorosamente transparentes, y su bondad sale desde el corazón y no desde la mente. Las personas felices no están para complacer a nadie, y hablan siempre desde su verdad, aunque mueran clavadas en una cruz.

Creo en un mundo armonioso, ese donde nada es perfecto pero donde no hay excusa para hacerlo cada vez mejor. Un mundo donde el dinero obtenido desde el trabajo con amor, sea la clave de la riqueza, porque es la que nos dejará dormir tranquilos.

Creo en un mundo donde las próximas generaciones se formen para honrar la vida y que entiendan que no se trata de ganar más, sino de valorar lo que se ganan hoy, para luego ambicionar un mejor futuro.

Creo en un mundo donde las personas tengan la oportunidad de dedicarse a eso que tanto aman, sin preocuparse por complacer a sus padres, a la sociedad, al sistema o a los gobiernos.

Creo en un mundo donde la educación incluya la compasión a través de actividades de ayuda social, donde se eduque para valorar a los otros, y donde cada individuo sepa emprender para el bienestar de todos.

Creo en un mundo donde la tecnología esté al servicio de la vida de las demás especies, para garantizarles a todos una mejor vida tal como lo deseamos para nosotros.

Creo en un mundo donde cada individuo se valore por lo que es, lo que vive y lo que siente, pues solo así podrá crear valor en el mundo a partir de quién es, y no de lo que tiene.

Creo en un mundo donde los hijos enseñen a sus padres las riquezas con las que vienen, el respeto al entorno y el disfrute de las cosas simples.

Creo en un mundo donde la cultura sea dividir nuestros ingresos, sin importar cuánto sea, de la siguiente forma:

- 50% para cubrir nuestros gastos de sobrevivencia
- 10% para educarnos en eso que amamos hacer
- 10% para invertir en empresas que cuidan el planeta
- 10% para invertir en nuestro futuro
- 10% para conocer y disfrutar el mundo
- 05% para ayudar a las personas desconocidas
- 05% para ayudar a nuestra familia o amigos

Creo en un mundo donde la única herencia que le dejen los padres a sus hijos sea el valor por este planeta y por todos los que aquí habitamos. Que les dejen como legado la capacidad de obtener ingresos haciendo eso que tanto aman, mantener el dinero como una forma de valorarse a sí mismos y multiplicar la riqueza propia invirtiendo en quienes trabajan por la riqueza del planeta.

Solo así podremos financiar la compasión, ahorrar para nuestro futuro, disfrutar con consciencia y evolucionar como humanos.

Si compartimos estas creencias, entonces seguro tú eres parte de la Armonía Financiera: Una Comunidad de Consciencia Financiera, donde el dinero es la consecuencia de acciones amorosas que crean un mundo mejor para todos. Si no lo compartimos, igual estoy agradecida por dedicarme tu valioso tiempo.

Espero que estas páginas te hayan ayudado a valorarte como semilla de riqueza, para que coseches la vida que sueñas, mientras estés de paso por este hotel 5 estrellas llamado planeta Tierra.

Gracias por existir,

Joselyn

AGRADECIMIENTOS

A Todos los que Abonaron esta Semilla de Riqueza

Tal como tú, yo estuve hace mucho tiempo distraída de mi propia riqueza. Llena de conocimientos y sin sentido de servicio, siempre pensé que el manejo del dinero era algo que todos sabían hacer.

Estoy agradecida con estas 5 personas, quienes fueron los pilares sobre los que conocí, comprendí y creé este mensaje para ti:

- A Teresa Egaña, por ser la primera en creer que tengo algo que enseñar a las demás mujeres acerca de la riqueza.
- A Ernesto Verdugo, por enseñarme todo lo que sé acerca de marketing online.
- A Ray Edwards, por enseñarme a estructurar mis ideas de forma correcta para que mi mensaje sea efectivo.
- A Jesse Krieger, por enseñarme el valor de la simplicidad al momento de empacar mi Gran I.D.E.A. en este libro.
- A Gabriel Oldenburg, por ser el encargado de convertir este libro en un audiolibro de calidad.

En cuanto a calidad se refiere, también tuve el honor de contar con un equipo de editores, quienes me dieron sus mejores consejos y sus ojos críticos para que cada línea cumpliera con el arte y la regla.

Estoy inmensamente agradecida con:

Ana María Crespo – Estados Unidos

Enrique Torino - Argentina

Esperanza Sánchez – España

Karél Castillo – Venezuela

Lourdes Tagliaferro – Venezuela

María Padilla – Estados Unidos

Marilú García – México

María Eugenia Arévalo – España

Reina Graciosi – Panamá

También agradezco a mi adorada amiga Jenny Parra, en quien confío la versión en inglés de este libro. No solo valoro su talento, sino sus ganas de ser cada vez mejor, y llegar muy lejos con poco.

Dicen que detrás de cada hombre hay una gran mujer, y creo que la vida me ha dado la mejor compañía de vida. Agradezco a Koen Van Langeraert por la paciencia, el amor y el cuidado de cada día. Gracias por empujarme a materializar mis sueños.

Finalmente, agradezco a mi familia, porque han sido un motivo poderoso para hacerme llegar lejos, y porque cada uno de nosotros tenemos una historia de superación, crecimiento y amor que contar. Están conmigo en cada paso que doy, porque todo lo que soy se los debo a cada uno de ellos. Mis padres tienen mucho de lo cual sentirse orgullosos, porque cada uno de sus hijos materializamos la vida que soñamos.

APÉNDICE

Salir adelante es nuestra responsabilidad. Por eso, a partir de ahora tú eliges la forma como quieras crecer, como quieras avanzar y como quieras mejorar. Sin embargo, te dejo aquí una serie de programas a tu disposición:

Armonía F

Expandiendo Consciencia Financiera

ARMONIAF REVISTA Y PROGRAMA DE 24sem.

Este programa de 24 semanas está creado para las personas con alto desarrollo espiritual que deseen materializar su riqueza interior. Aquí creamos un puente entre lo que deseamos y lo que obtenemos, diseñando un mapa claro y coherente (emoción, razón y espíritu) que nos conecte con la energia amorosa y abundante del dinero.

www.ArmoniaF.com

MANDALA DE NEGOCIOS

Cuando hablamos de negocios, muchas personas se concentran sólo en una cosa: hacer dinero. Por esta razón hemos creado la metodología de desarrollo de negocios a través del mandala, la cual permite a todos aquellos que sirven desde el alma, a crear un negocio desde la energía de amor y servicio, que además sea rentable y expansivo

www.MandalaDeNegocios.com

PARQUE D´INVERSIONES

Cuando pensamos en inversiones, creemos que sólo se trata de ganar y sacarle ventaja al mercado. La realidad es que muy pocas personas saben manejarse frente al mundo de las inversiones. Aquí desarrollarás las habilidades psicológicas necesarias para multiplicar tus inversiones, mientras constribuyes al crecimiento de las organizaciones éticas y conscientes que crean un mundo mejor para todos.

www.ParqueDInversiones.com

21 MANERAS DE MANEJAR TUS INGRESOS

La gran mayoría de las personas se quejan de los ingresos que perciben, pero nunca se preguntan si están utilizando correctamente cada centavo que pasas por sus manos. Aquí aprenderás completamente gratis los fundamentos básicos de psicología financiera para sacarle el máximo provecho a tus ingresos, ¡y en sólo 21 días!

www.ManejaTusIngresos.com

AHORROS 52

Este programa gratis de 52 semanas es un reto junto con personas que, como tú, quieren aprender el poder de la auto-disciplina financiera que sólo se logra a través del ahorro. Aquí estarás en un lugar donde crearás tu propia estrategia de ahorro de acuerdo con tus posibilidades, tomarás control de tu dinero a través de lecciones financieras semanales y celebrarás con nosotros cada meta que alcances.

www.Ahorros52.com

ACERCA DE LA AUTORA

Joselyn Quintero, nacida en Venezuela y ciudadana del mundo, tiene más de 20 años de experiencia en el mundo de las finanzas, complementados por títulos, certificaciones y formaciones que van desde Administración de Empresas, Consultoría Financiera (SAP), Psicología Financiera y Neuroeconomía.

Pero, más que una experta en el mundo de las decisiones financieras, Joselyn es una amiga que entiende tus emociones y angustias de lo que significa vivir con pocos ingresos. Es por ello que actualmente se dedica a ayudar a las personas como tú, a tomar las decisiones más inteligentes en el manejo del dinero, para que rindas tus ingresos mientras recorres el camino hacia tus sueños.

www.JoselynQuintero.com

www.ingramcontent.com/pod-product-compliance
Lightning Source LLC
Chambersburg PA
CBHW070320190526
45169CB00005B/1676